日本の島
産業・戦争遺産

斎藤潤

弾薬庫内部。小島

第３砲台弾薬支庫跡。友ヶ島

戦闘指揮所跡の裏側。加計呂麻島瀬相

佐賀関高島

海軍望楼２階の内部。小呂島

隧道出口から見た回天の発射場。大津島

手掘りの震洋格納庫。加計呂麻島呑之浦

特設見張所。柱島

美しい煉瓦積み。猿島

豊砲台跡の砲動力機室（対馬観光物産協会提供）

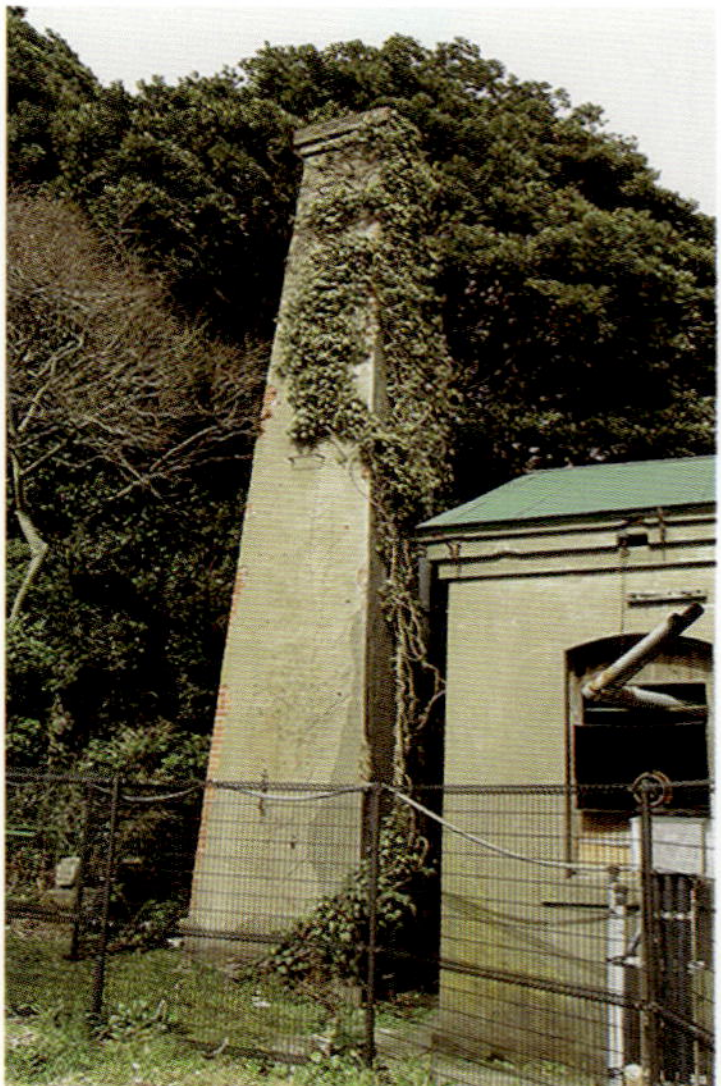

発電所と煙突。猿島

特攻艇震洋のレプリカ。加計呂麻島呑之浦

弾薬庫内部。加計呂麻島安脚場

旧掩体壕。喜界島

大岬旧海軍望楼

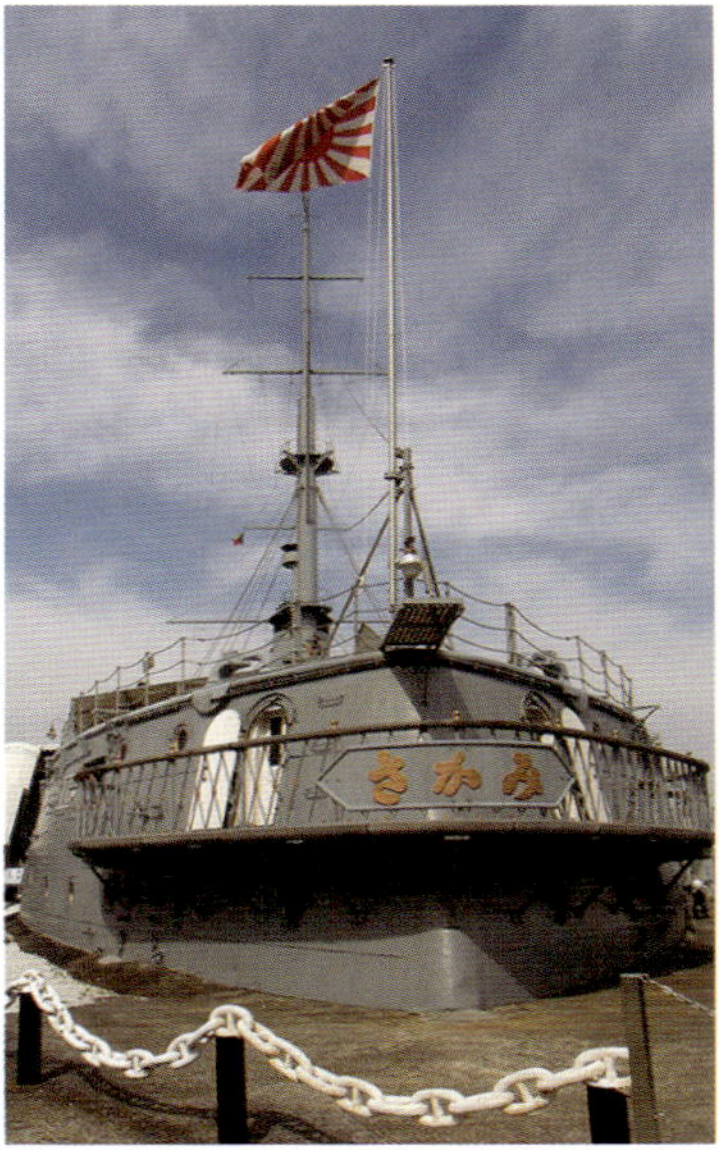

記念艦三笠。横須賀

摺鉢山と米軍上陸地点。硫黄島

産業遺産：鉱山　佐渡金山

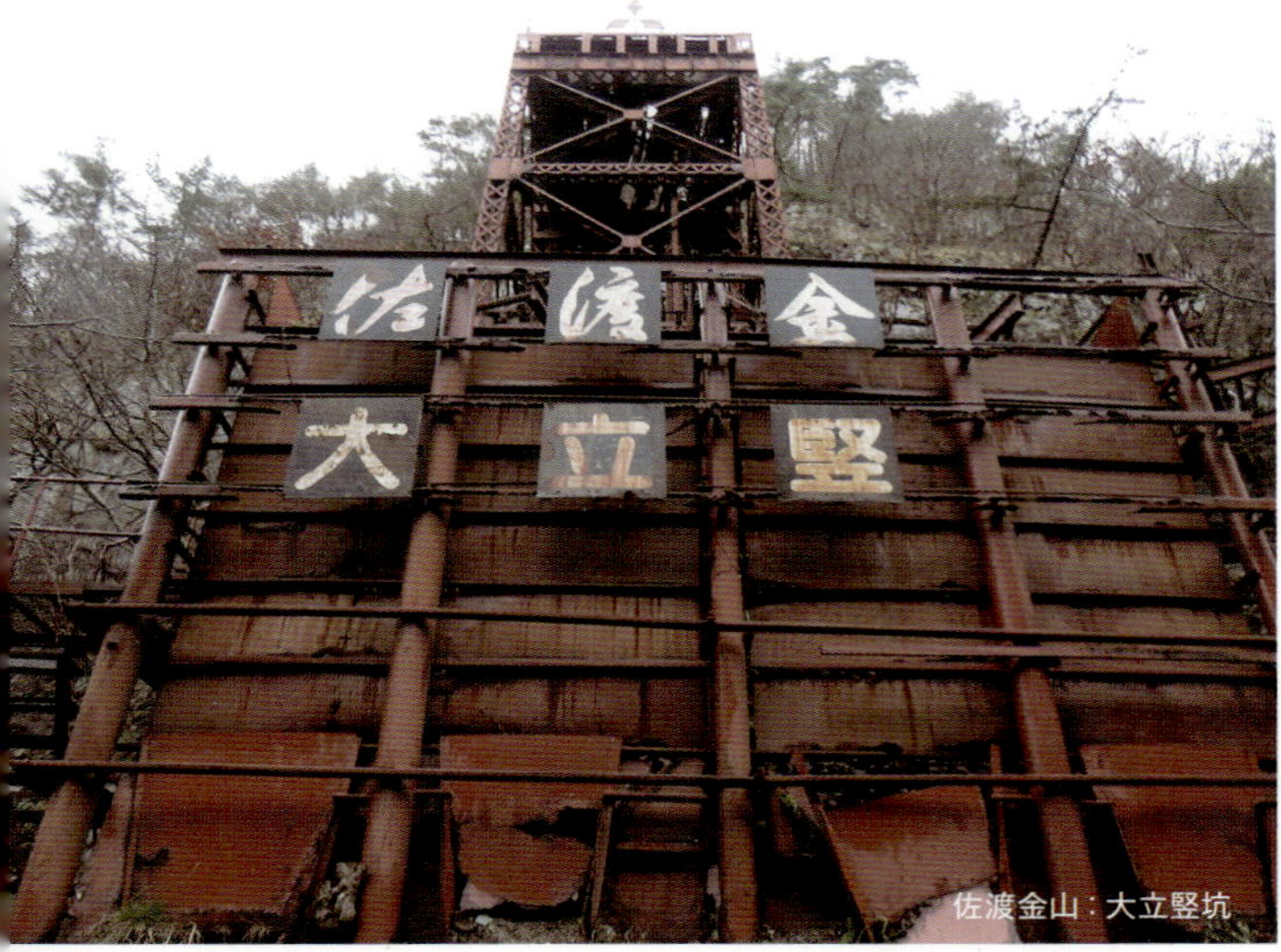

佐渡金山：大立竪坑

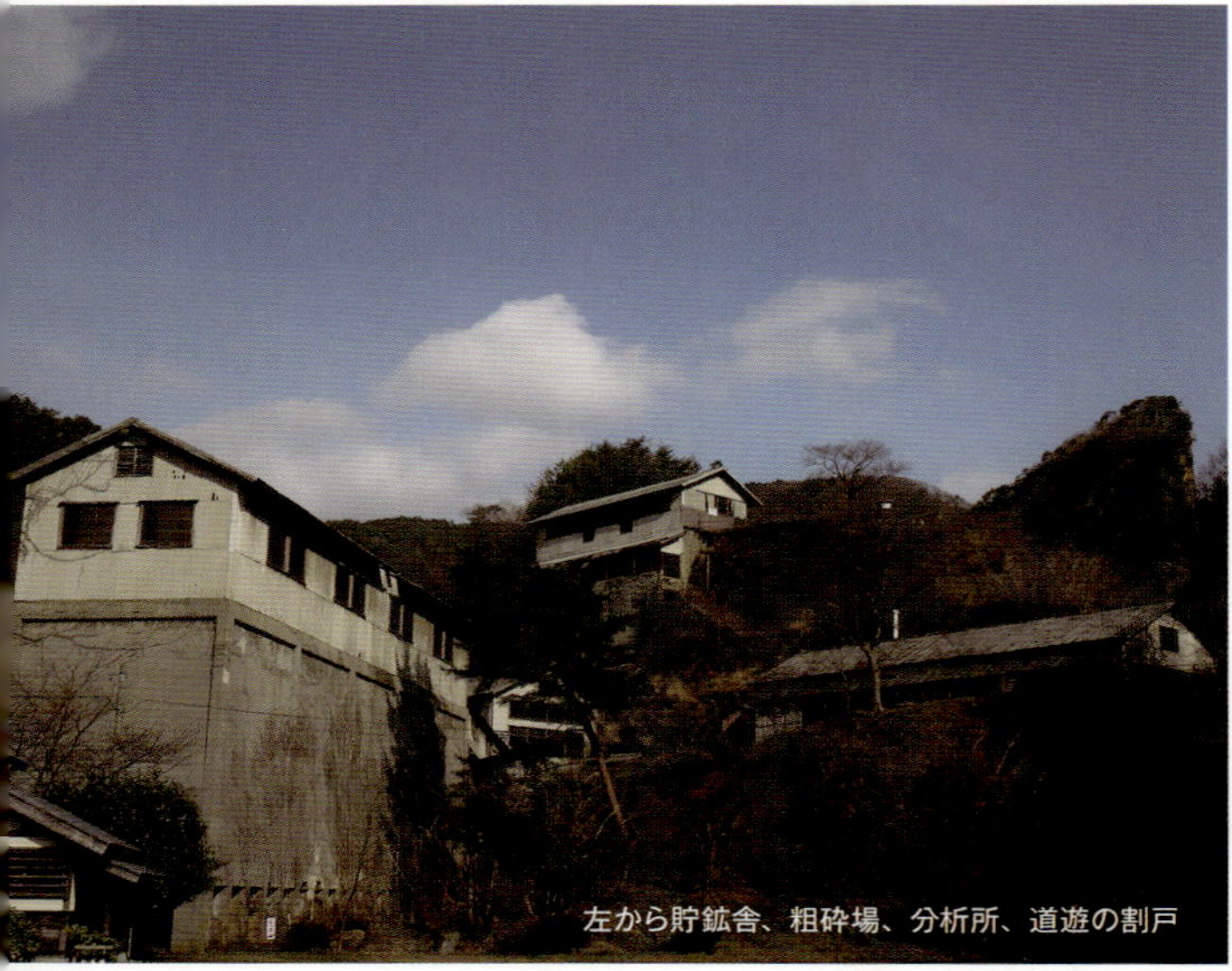
左から貯鉱舎、粗砕場、分析所、道遊の割戸

産業遺産：精錬所　犬島

銅精錬所跡

水の溜まった採石場跡と境界岩。小与島

ボタ山。飛島

小与島を散策。背後は境界岩

くさの浦(右下)と契島(左上)。生野島

塩田跡に残る塩炊き用の煙突。姫島

石灰焼窯。大崎上島

第４坑跡地（手前）と池島（左）。松島

第４坑の巻上小屋。松島

かつての北渓井坑。高島

発掘調査中の高島グラバー別邸跡

児童公園より65号棟を見上げる。端島

小中学校の窓から南西を望む。端島

学校の体育館の中から神社の社殿を望む。端島

ドルシックナー越しに学校を望む。端島

端島神社

上陸した途端こんな光景が。中央は端島小中学校

船上から軍艦島を望む

公開後に崩落した壁

左の山上は幹部用職員住宅、右下は端島小中学校

総合事務所跡。端島

第一見学広場。端島

第二見学広場。端島

はじめに

こんなところに、なぜ……。

島を歩いていると、人間の思いがけない営みの痕跡に出会うことが多い。

今は無人島になってしまった軍艦島（端島）も、かつて人口密度日本一を誇るほど栄えた。

また、世界でも屈指の美しい海に囲まれた無人島屋嘉比島には、観光客でにぎわうようになった座間味村で一番大きな学校を擁していた時代もあったという。

物凄い力で人を引き寄せたモノたちが、なくなったり価値が低下すると、たちまち人は去り無人の孤島に戻ってしまった。それでも、人が島に刻んだ痕が後世の人を惹きつけ、世界遺産になった軍艦島のように、観光県長崎にあって屈指の観光地と化した島もある。

数十年前まで、やん衆（ニシン漁の季節労働者）でにぎわった礼文島に残る番屋。つねに日本の鉱山をリードし続けていた佐渡金山。屋久島山中の集落小杉谷。港周辺に多くの燐鉱採掘施設跡が残る北大東島。無人島にはなっていないが、そこに昔日の面影はない。

水に囲まれていたからこそ、島に造られて遺ったものも多い。ハンセン病の療養施設が遺る長島。毒ガス工場跡がある大久野島。公害拡散を防ぐために精錬所を移転した四阪島。都合の悪いと考えられていた存在を、周辺から隔離するために孤絶した空間が使われたのだ。

全国津々浦々に存在するおびただしい戦争遺産には、戦争という狂気が生み出す破壊的なパワーを感じずにはいられない。また、重機などない時代に、ごく短期間に検疫所を造ってしまった似島や今も堂々とした建物が残る芸予要塞の小島などの遺産を眺めていると、欧米列強の侵略を許さない、それに伍して独立を守りたいという時代の熱狂が伝わってくる。

大津島の人間魚雷回天の発射訓練基地跡、奄美大島や加計呂麻島の震洋隊格納壕跡を訪れると、無謀で無責任な為政者によって無駄死にを強いられた青年たちの慟哭が聞こえてくる。

炭鉱などでは過酷な収奪があったケースもあるが、廃墟となった場所にたたずんで過去に思いをめぐらせば、活気に満ち溢れた日々が目の前によみがえってきそうだ。旅先にあって、さらにもう一つの旅路をたどっているような、不思議な興奮を覚えてしまう。

また、見直しがはじまっているものもある。奄美大島南部の久慈では、昨年江戸時代末期の白糖工場跡とされる場所が試掘され、存在したことが確認された。いずれ、本格的な発掘にとりかかるという。思いがけないものが発見されるかもしれず、期待が高まる。

自然、グルメ、釣り、マリンスポーツ、トレッキングなど、島歩きには多くの楽しみがあるが、その一つに歴史に思いをはせる遺産めぐりを加えていただけたら幸いです。

なお、現在では不適切と受けとられかねない単語もあるが、当時の社会状況をより適切に伝えるため、注記を付けた上でそのまま使用した。対象の人たちを貶める意思がないことは、文脈からも分かっていただけると思う。筆者の想いをご理解ください。

第二章 産業・文化遺産 …… 108

第一章 戦争関連遺産

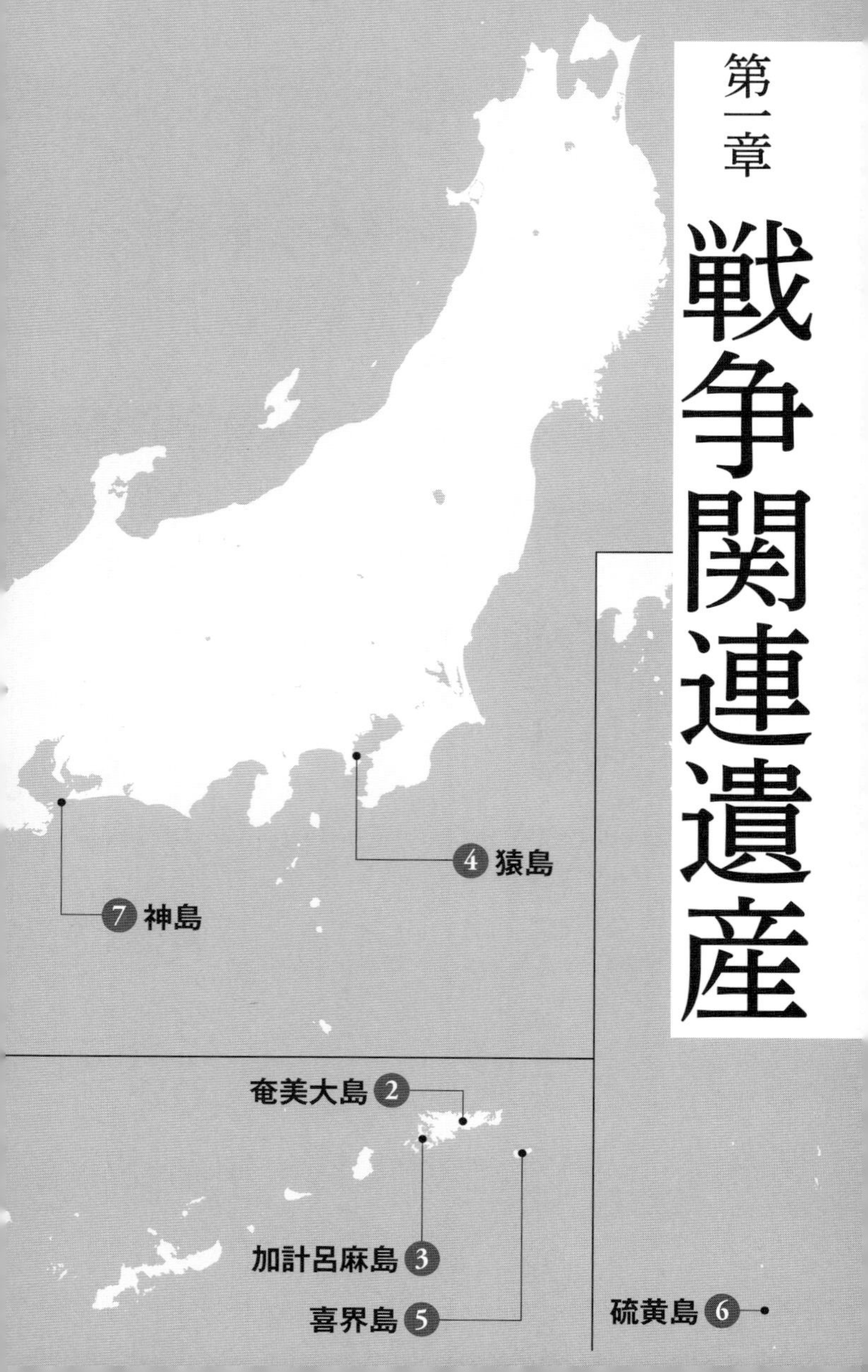

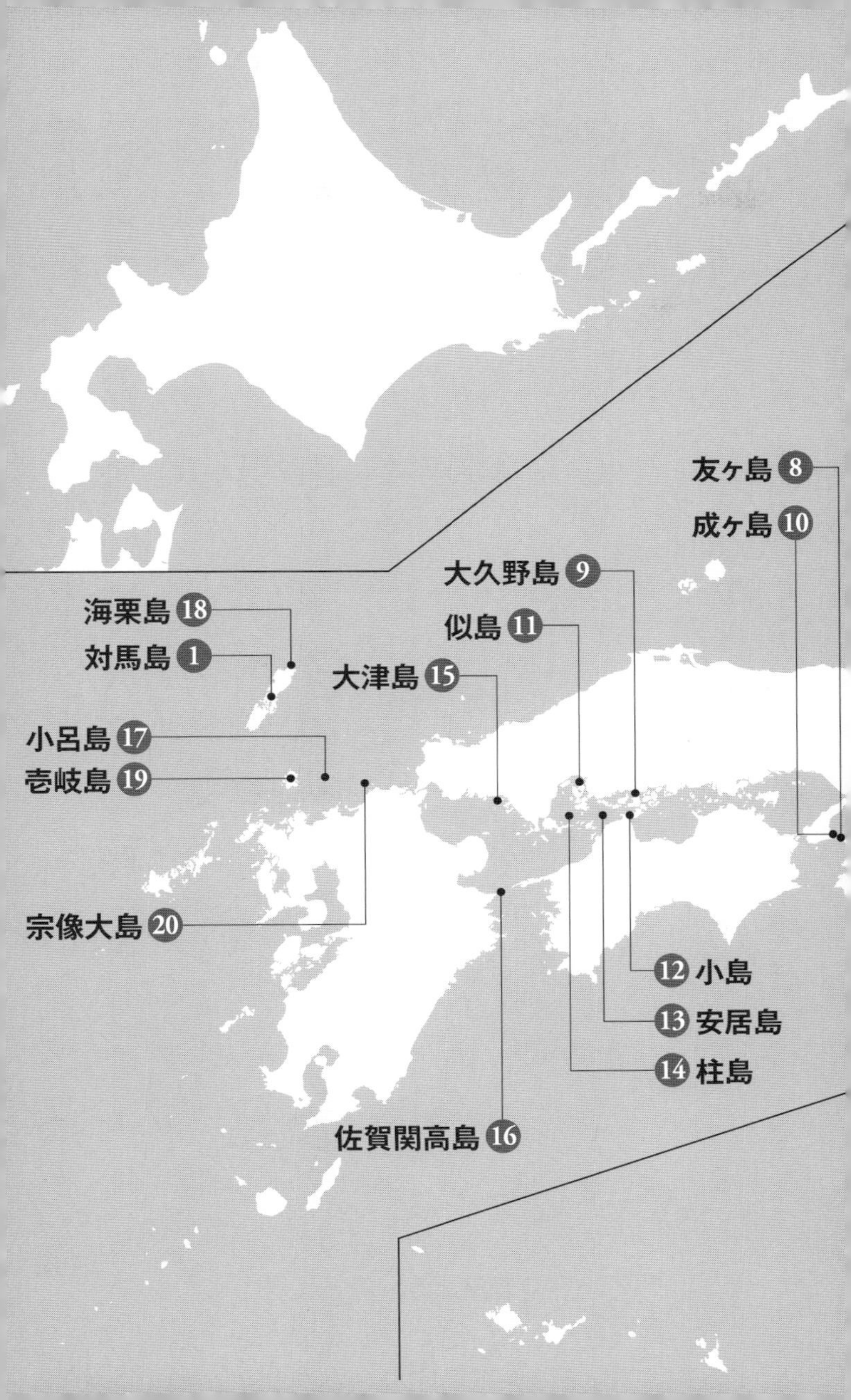

友ヶ島 8
成ヶ島 10
大久野島 9
海栗島 18
似島 11
対馬島 1
大津島 15
小呂島 17
壱岐島 19
宗像大島 20
12 小島
13 安居島
14 柱島
佐賀関高島 16

①対馬要塞姫神山砲台跡、同豊砲台跡（対馬島・長崎県対馬市）

日本の外海離島は多かれ少なかれ国境の島といえるが、もっとも国境を実感させてくれるのは対馬だろう。他にも異国の領土がかいま見える島（利尻島・礼文島・与那国島）はあるが、大陸の一部（朝鮮半島）が望見されるのは対馬だけ。

韓国展望所がある最北端の鰐浦から釜山までは49・5キロしかないが、対馬最北端の久ノ下崎から最南端の神崎まで直線距離で72キロもある。同じ島内より、海峡の向こうの朝鮮半島の方がはるかに近いのだ。

国境の島であり異国に隣接する対馬は、対外関係で常に緊張を強いられてきた。日本と百済の連合軍が白村江で唐と新羅の連合軍に敗れた後、６６７年対馬防備のため金田城《かなたのき》を築いたことが『日本書紀』に記されているように、古くから大陸や半島に対する守りを固めてきた。

国際情勢が緊迫の度を高める明治時代に入ると、新政府は東京湾要塞に次いで対馬に、我が国で2番目の近代的な要塞の設置を決定。延々、明治20年代から昭和10年代にかけ、31ヶ所もの砲台（含堡塁）を築いた。

建造の時期は、日清戦争前（1887～8年）の第1期、日露戦争前後（1898～1906年）の第2期、太平洋戦争へ向かう前（1924～39年）の第3期に分かれている。

第1期の砲台が築かれたのは、1861年ロシア軍艦対馬占領事件の舞台となった全国屈指のリアス式海岸である浅茅湾《あそうわん》の一角、芋崎とその周辺3ヶ所のみだった。日清戦争に勝利した後、ロシアとの戦いを意識しはじめた頃から日露戦争直後にかけて建造されたのが、第2期の砲台群（14ヶ所）だった。この時も、港湾防備のために新たな砲台が布陣され、天然の良港であった浅茅湾とその出入口に集中している。

対馬東水道と西に開けた浅茅湾を繋ぐ万関瀬戸《まんぜきせと》の開削に合わせて、1901年東側の三浦湾を防備するた

姫神山砲台跡の弾薬庫(対馬観光物産協会提供)

め造られたのが、第2期の砲台では最大規模、28センチ榴弾砲6門を配置した姫神山《ひめがみやま》砲台だった。また、その先には1902年折瀬鼻《おりせばな》砲台も完成。さらに、第3期に入って、折瀬鼻灯台の脇には2門の野砲が配備されている。

一時は樹木に覆われていた姫神山砲台だが、対馬観光物産協会の伐採や清掃などの整備事業により、観測所や砲座、井戸などがよく分かる状態になっている。姫神山砲台跡までの道は整備されているが、そこから2キロ先にある折瀬鼻砲台への道は荒れ果てているので、地元のガイドなしでは危険が伴う。

第3期になると、これまで浅茅湾周辺に集中していた砲台が、南端の豆酘《つつ》や竜ノ崎《たつのざき》、北端の海栗島《うにしま》や豊《とよ》など、海峡防備および制海権確保のため造られるようになった。中でも最大規模のものは、5年の歳月を費やして1934年日本海を睨む最北端に築かれた豊砲台だ。

姫神山砲台跡の観測所（対馬観光物産協会提供）

1922年のワシントン海軍軍縮条約によって、廃艦とされた軍艦赤城の世界最大級の主砲を密かに運び込んだもので、砲身の長さ18・5メートル、2連装の45口径40センチカノン砲が設置されていた。

付帯施設を含むすべての工事が完了した時に試射も行われたが、実戦では一度も使われることなく、敗戦を迎えた。「撃たずの砲台」と冷笑されることもあるが、豊砲台をはじめとする対馬要塞の抑止効果のお陰で、日本海側の都市には艦砲射撃による被害がなかったともいわれている。

戦後、米軍によって爆破解体が試みられたが、あまりに堅固なため完全に破壊することはできず、今に往時の姿を残している。

入口にあるスイッチを押すと、地下室の内部を30分間にわたって照らし出してくれるので、心おきなく探索することができる。

豊砲台跡の砲動力機室(対馬観光物産協会提供)

②奄美大島南部の戦争遺産（鹿児島県瀬戸内町）

◎旧海軍給水施設跡（久慈）、◎第44震洋隊格納壕跡（久慈）
◎掩蓋式観測所跡（西古見）、◎旧陸軍弾薬庫跡（手安）

奄美大島《あまみおおしま》と加計呂麻島《かけろまじま》の複雑で深く入り組んだリアス式海岸に挟まれた大島海峡は、昔から天然の良港だった。１８９１年、大島海峡中央付近で特に深く湾入した久慈《くじ》が軍港とされ、海軍の石炭庫と艦船用の給水施設が造られた。１８９７年には、久慈に電信本局が設置され、名瀬・徳之島・沖永良部島《おきのえらぶじま》に支局が置かれたことを見ても、西方村役場の所在地だった久慈の重要性がよく分かる。

しかし、次第に大島南部の中心は古仁屋《こにや》へ移っていった。１９１７年、古仁屋港に海軍の軍艦11隻が来航。１９１９年には、加計呂麻島の薩川湾に佐世保鎮守府艦隊の旗艦三笠以下60隻が来航した。１９２０年、古仁屋に陸軍築城部奄美大島支部を設置、薩川湾が軍港に指定され、大島南部と加計呂麻島の要塞化がはじまる。それに伴い、１９２１年から大島海峡東口の皆津崎と安脚場《あんきゃば》（加計呂麻島）、西口の西古見《にしこみ》と実久《さねく》（加計呂麻島）に砲台陣地が築かれていった。

1923年になって、奄美大島要塞司令部が置かれ、軍事法規の厳しい制約を受ける地域となる。軍事機密を守るため、地図上では空白地帯が多くなり、撮影やスケッチも禁止された。

1931年、喜界島に海軍が奄美で最初の飛行場を建設。

1935年には、大島南岸の古仁屋と西古見を結ぶ軍用道路の建設がはじまったが、一部が完成しただけで敗戦を迎えた。一方、加計呂麻島側では1941年から安脚場と実久の砲台を結ぶ軍用道路の建設がはじまり、1944年に完成している。

1941年、要塞司令部に動員下令があり、重砲兵部隊、歩兵部隊、通信隊、憲兵分遣隊、陸軍病院などが配備され、大島海峡東口および西口の4砲台陣地には大砲などの火器と部隊が配置された。また、大島海軍防備隊本部を瀬相《せそう》（加計呂麻島）に、海軍航空隊古仁屋基地を須手に設置。

1944年、三浦に林隊、呑之浦《のみのうら》（加計呂麻島）に島尾隊の海軍震洋隊を配備。格納壕建設に大島中学校生徒も動員された。1945年3月、大空襲で古仁屋の市街地の9割焼失。同年4月、瀬相湾で大島輸送隊が米軍機約200機と交戦。

敵艦や飛行機に対して砲撃することもあれば、逆に軍事目標を攻撃されたり市街地の空襲などにより少なからず死傷者は出たが、沖縄のような上陸戦はなく敗戦を迎えた。

明治期から敗戦にいたる大島海峡両岸の動きを概観すると、以上のようになる。

奄美大島の中心地名瀬から、かつて大島南部で一番栄えていた久慈まで、思いの外遠かった。すぐに見つかると思っていた海軍の給水槽は、久慈に入っても見つからない。これでは、人目につかない場所に造られた第44震洋隊の格納壕を探すのは、ますます困難だろう。通りがかった郵便配達員に聞くと「自分は詳しいことは知らないが、給水槽はあれだと思います」と、今しがた通過してきた海岸を指さした。振り返ると赤煉瓦の構築物が、鎮座しているではないか。道路より低い海辺にあるので、気づかなかったらしい。

震洋隊の格納壕については、区長の武田さんに聞けばいいと言う。教えられた方へ行くと、4、5人の男女が談笑していて、その中の一人が区長だった。格納壕の場所を聞くと一瞬口ごもった。口では説明しにくいのだという。

とりあえず海軍の給水槽を見学して、戻ってくるようにいわれた。勧められるまま、重厚な赤煉瓦の構築物へ向かう。遠目にも存在感があるが、近寄るとさらに圧倒された。120年以上南国の風雨に曝されてきたにしては、しっかりしている。煉瓦はイギリス積で、目地はふつうの仕上げだった。上の道まで戻り中をのぞき込むと、貯水槽の中は草が茫々。これでは気づかない。へこんでいることだけは確認できた。

石炭庫があったのは給水槽の近くで、フラントという地名が

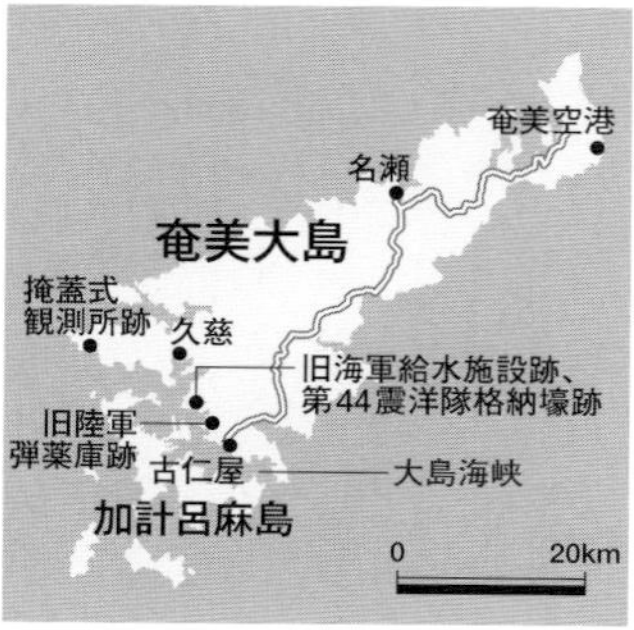

あるのに、今もタンコウという通称でなじまれている。区長が小さい頃は石炭かすで地面が黒く、裸足で歩くと足の裏が真っ黒になったほどだったという。また、この貯水槽と一緒に設けられた煉瓦造りのダムの遺構が山の奥にあり、その設計図も残っているらしい。

区長宅へ戻りグリーンのジープで先導してもらって、西へ向かう。予想以上に走ってから、工事をしていた場所にクルマをとめた。ジープに乗り移るように言い、ぬかるんだ急坂を海岸線まで連れて行ってくれた。これでは、口で説明されても分からない。角張った大きな石がゴロゴロしている海岸を、西へ向かう。

「ここから600メートルくらい海岸線を歩きます。潮が満ちていると歩けないが、今日はちょうど潮が引いているので、大丈夫でしょう。運がよかった」

奥深い湾の水面はあくまで静かで、まるで池の畔を行くよう。

特攻隊の格納壕については、地元の人も敗戦まで存在を知らなかったという。軍の機密を守るため、築造に当たって地元民を徴用しなかったからだ。ただし、名瀬の大島中学校の学生たちは動員されたらしい。

久慈の旧海軍給水槽跡

西古見でも手安でも、軍施設の機密性は異常なほど高く、地元に対しても徹底的な秘密主義を貫いていたようだ。日本人でありながら難解な方言を操る奄美人を、信用していなかったということか。あるいは、気づいた島人もいたが軍事機密に縛られた土地柄、不用意な詮索はしなかったのかもしれない。

途中に、朽ちた小屋があった。ここで、待網《まちゃみ》を見張ったのだという。武田さんたちは、夏休みはここに来て宿題をしながら、時には海水浴をしたり、魚が入った網を引くのを手伝い、分け前を少しもらって家に帰ったのだという。そんな思い出を、実に楽しそうに語ってくれた。

大きな松が倒れ、崖が崩れたようになっているところがあった。第44震洋隊格納壕跡はその下だという。手前の足下にはコンクリートの帯が二筋、山から海の方へ向かって延びている。特攻艇を引きずり出す時に使ったのだろう。崩れた土砂の上を登っていくと、大きな口が開いていた。

第44震洋隊格納壕跡

藪の中の格納壕から海辺に続くコンクリートの道

格納壕は久慈湾の中のさらに小さな入江を囲むようにして、10ばかりあるという。きれいに残っている壕は、渚に延びるコンクリートの帯で、その存在を推察できるところが多かった。

呑之浦の格納壕跡は整備され、観光地にもなっているが、久慈の方は存在自体がほとんど認識されていない。今後、呑之浦と対になっていた久慈の戦争遺産も整備を進めていく必要があるだろう。

最初の格納壕をのぞいた後も、海岸に沿って進み続ける。区長がまた立ち止まり、藪の中を確認している。島尾敏雄と同期であり、敗戦2ヶ月前に格納壕で不慮の爆死を遂げた第44震洋隊特攻隊長三木十郎の慰霊碑が、このあたりにあるのだという。

木の枝の間をかいくぐると、震洋隊遭難者之碑と刻まれた自然石が建てられていた。背面には、昭和三十年十一月・厚生省、とある。

島尾敏雄もこの地を二度訪れ、慰霊したという。

西古見を通過してしばらくすると、きれいに整備された掩蓋式観測所跡が現れた。久慈の区長が、地元でも10年ほど前まで存在を知られていなかったと語った戦争遺産だが、周囲には立派な駐車場や展望台もできていた。もっと大規模なものかと思っていたのだが、数人から10

海辺の森にひっそり佇む震洋隊遭難者之碑

人分入ればいっぱいの広さ。それでも、さすがに頑丈そうだ。1940年に造られたが、2004年に整備されるまで草木に埋もれて、全く見えない状態だったという。射撃目標の方向と距離を測定し、山陰に設置された砲台に連絡する役割を担っていた。内部の中央にある丸い台座の上に望遠鏡を据えて、敵艦や敵機を監視していたという。内壁に周辺の島の名前や距離が詳細に記されていたそうだが、それは読み取れなかった。内部から監視できる細長い窓は、1階と2階に一つずつ設けられていて、2段階の監視体制だったらしい。

掩蓋式観測所跡から古仁屋に近い手安へ向かう。手安で脇道に入っていくと、大きな自動車教習所があり、事務所の前に弾薬庫の口が開いていた。

旧陸軍により1932年に造られ弾薬庫で、戦時中は南西諸島及び南方防衛の陸海軍弾薬貯蔵補給基地として厳戒体制がとられていた。敗戦後の武装解除により、膨大な弾薬が運び出され大島海峡に投棄され、島人は初めて弾薬庫の存在を知ったという。

砲台の弾薬庫などと比べると、格段に大きい。内部

西古見の掩蓋式観測所

は網の目に組まれた鉄骨を厚いコンクリートで固め、空気が漏れないようさらに銅板をはりめぐらせてあった。また、湿気防止のため周囲には空間を確保し、風圧に耐えるため入れ子のような二重壁構造になっているなど、当時の弾薬庫としては我が国で最も優れた施設であったという。

入口にある見取り図によれば、大きな弾薬庫が3つあったらしい。中は真っ暗なので壁を探したところ、照明のスイッチがあった。

久慈の区長によれば、横須賀から見学に来た人が、自分の地元より規模が大きい、日本一の弾薬庫だと言っていたそうだ。

手前の2つは通路で繋がっていて、通しで見学できたが奥の方は別口。

一度外にでてから見に行くと、現在は地震の観測施設として利用されており、立入禁止。ほぼ同じ造りだという。

西古見の掩蓋式観測所の内部

③加計呂麻島の戦争遺産（鹿児島県瀬戸内町）

◎大島海軍防備隊跡（瀬相）、◎第18震洋隊格納壕跡（呑之浦）
◎安脚場戦跡公園（安脚場）、◎艦船用給水ダム（三浦）

古仁屋から船に乗って大島海峡を横切り到着した瀬相で、クルマを借りた。まず向かったのは、瀬相港に面していた大島海軍防備隊跡。瀬相の桟橋から南へ向かう道は3本に分かれて、どれも山の中に入っていく。しかし、あくまでも海岸沿いに進み、資材置き場のような場所と、ボロボロになった護岸の上を東へ向かうと、思いがけず青々とした立派な松が何本もある公園が広がっていた。

一角に木の生い茂る小山があり、下からコンクリートの構築物がのぞいている。その土盛りが、戦闘指揮所跡だった。懐中電灯をもって中に入ると、漆喰を塗った天井の一部から赤煉瓦の下地が見えている。その先、地下室を抜けて裏側にでることができた。指揮所の前には海軍関係の記念碑がいくつもあり、慰霊の場所となっていた。特に印象に残ったのは「大島輸送隊奮戦記概要」という碑で、以下のような内容が記されていた。この交戦が、奄美大島最大の戦闘だったらしい。

1945年2月8日に完成した第17号一等輸送艦は、1ヶ月足らずの訓練後、特殊潜航艇2隻と武器弾薬食糧600トンを満載して、3月8日から那覇港に敵前揚搭に成功。再び沖縄に物資を運ぶ予定だったが、米軍の沖縄上陸がはじまり、急きょ最前線に最も近い前進基地奄美大島へ、武器弾薬食糧特攻兵器を敵前強行輸送することになり、大島輸送隊が編制された。輸送艦3隻と護衛部隊3隻からなる大島輸送隊は、敵機敵潜水艦の攻撃を排除しつつ、4月2日午前1時半から午前6時半の間に、官民協力して輸送物資のすべてを陸揚げ。その直後、午前6時50分から午後2時45分まで、米軍戦闘爆撃機が延べ200機以上飛来して攻撃。海防艦と輸送艦が1隻ずつ沈められ、102人の戦死者と多くの負傷者を出した。

市街地も含め日本中が火の海に沈んだ太平洋戦争だが、今は平和そのものに静まり返った入江の奥で、こんな激烈な戦闘が行われたとは思いもよらなかった。

戦闘指揮所跡

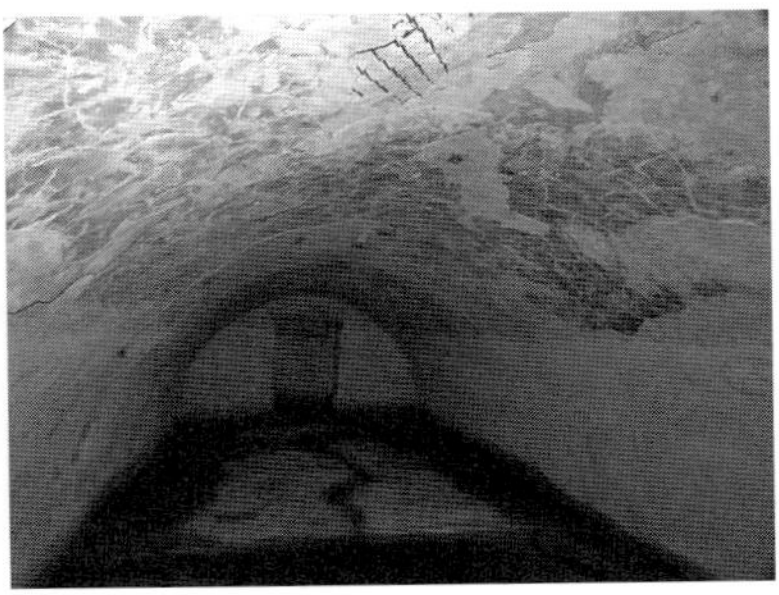
瀬相戦闘指揮所跡の内部

戦闘指揮所跡から瀬相桟橋の方へ戻り、十字路で左折し東へ山を越えると、家もまばらな呑之浦の入江に出た。呑之浦トンネルの手前を左折し海に沿って走ると、道路が山越えのため右折する。その先の開けた海辺に、島尾敏雄文学の森公園があった。島尾敏雄率いる第18震洋隊隊員183名が上陸して基地を設営した入江で、文学碑は元本部があった場所に深い緑に包まれ建っていた。

死を覚悟した日々にここで出会ったのが、押角国民学校に勤める後の妻であり、優れた作家となる大平ミホだった。かの地での極限の体験を、戦後昇華させて生み出されたのが島尾敏雄の『出発は遂に訪れず』や『出孤島記』などの小説であり、2017年に映画化された島尾ミホの『海辺の生と死』だった。

文学碑から海辺の遊歩道を北へたどると、兵士を爆死させるためだけに製造された特攻兵器震洋の格納壕が点々と現れた。中にレプリカの特攻兵器震洋が置かれた壕もあり、震洋について以下のように説明されていた。

震洋は、1944年4月、軍司令部から形勢挽回のために提案された1から9までの特殊兵器の一つで、6の回天とともに実戦配備

第18震洋隊格納壕跡に納まる特攻艇のレプリカ

島尾敏雄文学碑

されたのが4の震洋だった。鋼製および木製の試作艇は多少の改造をし、5月27日に試運転が行われすぐに量産に移された。1人乗りの一型改一は艇首に爆薬を搭載して全速で敵艦船に突入し、自爆するモーターボート。量産のため、主機関は自動車のエンジンを使ったという。のちに、機銃と噴進砲を積んだ2人乗りの指揮艇も、量産されるようになる。

同年8月、第一次震洋艇隊50隻が横須賀での訓練を終え、大蝶部隊として父島に出撃。以降、九州の川棚警備隊と鹿児島の江の浦で訓練を行い、フィリピン、南西諸島、本土各地、伊豆諸島、中国沿岸、東南アジア（現地製造）等に配備して敵に備えた。搭乗員は、兵学校や予備学生出身の青年士官が隊長となり、各艇員は予科練出身者だった。

特攻というと、小型機で大鑑へ突っ込んでいくイメージが強いが、海上や海中（人間魚雷回天）からの攻撃も試みられたのだ。結局は、呑之浦、同じ加計呂麻の三浦（第17震洋隊）、対岸久慈から、出撃することはなかった。しかし、6月9日に久慈の第44震洋隊基地の格納壕で暴発事故が起き、隊員13名が死亡するという惨事が起きている。

呑之浦からひたすら東へ向かうと、安脚場で行き止まる。奄美大島南部と加計呂麻島の要塞化がはじまると、1921年加計呂麻島最東端の集落安脚場の山上に、陸軍の砲台が築かれた。1941年、

海軍がこの砲台を整備し、新たに金子手崎防備衛所を建造した。潜水艦の接近を監視して、接近を確認した場合、大島海峡に潜水艦が侵入するのを防ぐため敷設した防潜網や機雷などをコントロールし、さらに侵入した時は機雷を爆破させるための施設だった。

現在は、安脚場戦跡公園として整備され、軍事施設らしからぬ明るい雰囲気も漂う。防備衛所以外に、弾薬庫、弾薬格納庫、天水槽が残り、砲台跡が残る第1展望所からは高さ100メートルを超す断崖が連なる加計呂麻島東岸や奄美大島最南端の皆津崎などが望める。

また、近くに探照灯台跡もある防備衛所の上からは、皆津崎をはじめ大島海峡の東側を一望することができる。奄美でも眺望の素晴らしさは屈指の場所だ。

安脚場から今来た道を戻り、瀬相を通り過ぎ三浦まで行った。集落を過ぎ武名の方へ向かってすぐ、左へ入る小径と艦船用給水ダム跡へという道標があった。

1938年に着工したダムで、ここも全国から徴用された人々によ

金子手崎防備衛所跡。加計呂麻島安脚場

安脚場戦跡公園の弾薬庫内部

り、4人の犠牲者を出す難工事の末、完成を見たという。最近は戦跡観光を意識し、民泊協議会の人たちが中心になって整備を進めているらしい。地道だったが一応整備されていて、走りにくくはない。しばらく登って行くと突き当たりに、この先車両進入禁止の看板が見えた。

そこにクルマをとめ、右へ登って行く山道を数分たどると左に曲がれの道標があって、その先に立派なコンクリートの堤防と水面が見えた。予想していたより、はるかに小ぎれいだったのは、最近整備を進めているからだろう。

加計呂麻島最西端の実久には砲台跡が残っているが、地元の人に案内をしてもらい山道を30分は歩かないといけない。予め連絡をして都合がつけば案内してくれるらしいが、急な対応は無理というのは当然だろう。

また、実久の沖に浮かぶ江仁屋離島にも、砲台などの軍事施設が造られている。

加計呂麻島に関しては、大半の集落に何らかの軍事施設が造られたといっても過言ではない。

今後は、戦争遺産めぐりが新たな加計呂麻ツアーの一つとして、定着していくものと思われる。

三浦の艦船用給水ダム

大岬旧海軍望楼跡（北海道稚内市）

旅行で気軽に行ける日本最北端（公式には択捉島カモイワッカ岬）は、宗谷岬（大岬）だ。多くの人は最北端の地の碑の前で記念撮影をし、昼飯時に通過する人は近くの食堂でホタテラーメンなどを食べて去っていく。

しかし、どこにあっても端っこは異界への入口でもある。だから、大岬周辺には多くの人たちが想いを刻み、日本最北端の地の碑をはじめ、間宮林蔵の立像、「宗谷岬」音楽碑、宮沢賢治文学碑、ラペルーズ顕彰記念碑、平和の碑、宗谷海域海軍戦没者慰霊碑、祈りの塔、世界平和の鐘、大岬中学校跡地記念碑など、さまざまな記念碑やモニュメントが数多く設けられている。

そんな中、海岸線から一段上がった標高25メートルほどの海岸段丘上で、ひときわ存在感を示しているのが大岬旧海軍望楼跡だ。

1875年、日本と帝政ロシアとの間で千島・樺太交換条約が締結

大岬旧海軍望楼跡

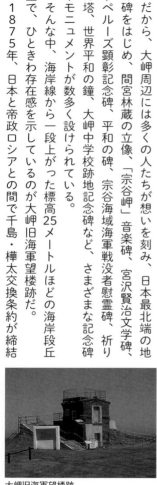

され、樺太がすべてロシア領となり、宗谷海峡は突然国境の海となった。

日露間の緊張は徐々に高まり、1902年に至って旧日本海軍は宗谷岬の台地の上に、海峡を監視するための望楼を設置した。石材を積み上げ、隙間をコンクリートで埋めた堅固な造りの監視所だった。船のブリッジを模したという異色の形が目を引く。

1904年、日露戦争がはじまると望楼の重要性はさらに高まり、海軍無線電信所も兼ねることになる。当時世界最強と言われたバルチック艦隊が通過する可能性があることから、監視には特に注意が払われていた。また、太平洋戦争中には潜水艦監視基地としても使われた。

日本海海戦の前年に、旧日本海軍連合艦隊とロシア海軍第一太平洋艦隊が戦った黄海海戦で敗走し、樺太のコルサコフまで逃げてきたロシアの軍艦ノーウイック号と追尾してきた日本の軍艦対馬と千歳が宗谷沖で戦った時も、大いにその真価を発揮したという。

稚内の現存する歴史的建造物としては、最古のもの。

大岬旧海軍望楼跡から宗谷海峡を一望

大岬旧海軍望楼跡の内部

④東京湾要塞砲台跡（猿島・神奈川県横須賀市）

東京湾の島というとお台場や夢の島などの人工島を連想するが、一つだけ自然島がある。横須賀の沖に浮かぶ猿島《さるしま》だ。京急横須賀中央駅から歩いて15分の三笠桟橋乗船場の前には、黒々とした戦艦三笠が係留されている。そこから連絡船に乗れば、わずか10分で猿島に到着。天気がよければ、甲板で移り変わる風景を眺めながら船旅気分が味わえる。砂浜でBBQを楽しんだり、マリンスポーツをする人もいるが、猿島の本当の姿は要塞の島だ。

横須賀市教育委員会で文化財保護を担当（取材当時）している野内秀明さんが、猿島に着くとまず猿島の歴史を説明してくれた。桟橋の前の管理棟には、江戸時代から今に至る猿島の変遷が展示がしてあり、ちょっとしたミニ資料館だった。

猿島は要塞の島と括られることが多いが、実は外敵へ備えた施設は、江戸時代末期、明治、昭和と三層に重なり合っていた。1847年、大輪戸、亥ノ崎、卯ノ崎の三つの台場を設け大筒を配備したのは、江戸幕府だった。その6年後、浦賀にペリーが来航。さらに2年後の1855年、台場は大地震のため壊滅的な打撃を受け放棄される。

「台場と後の砲台の違いは、日本風の築城だったか洋風だったかです。猿島砲台を含む東京湾要塞の整備を強力に推進したのは、清国との対立を深める中、その他列強の脅威も強く感じていた山県有朋です」

１８７６年民有地を買収。西南の役で着工は多少先送りされるが、早くも１８８０年に東京湾要塞の先陣を切って、観音埼灯台の建設に着手している。１８８１年、猿島は陸軍の所管となって砲台建設がはじまり、１８８４年に完成。亥ノ崎台場が第１砲台に、大輪戸台場は第２砲台になるなど、砲台建設により台場時代の面影はほとんど失われた。

以降も着々と施設を充実させていった東京湾要塞は、日清戦争開戦の頃にはほぼ完成したと考えられている。１９２３年の関東大震災で大きな被害を受け、１９２５年に陸軍は猿島砲台を放棄し海軍省に移管。１９３６年、海軍大臣が猿島に防空砲台の新設を命令する。１９４１年には、はじめて飛行機の攻撃に備えた高射砲５座が配置された。さらに、１２７ミリ高角砲が増設され、間もなく敗戦を迎えた。

「明治時代の砲台は、実際使われることはありませんでした」

民間人立入禁止だった猿島の暮らしぶりは、どんなものだったのだ

砲台地下施設のトンネル

猿島要塞跡。赤煉瓦と房州石の切通し

ろうか。

「猿島は、けっこう居心地がよかったようです。ダイナマイトで魚を獲って魚飯にして食べたり、畑を作ったり、炭を焼いたりもしていたそうです」

穴倉の宿舎は畳敷きで、時には美味しい海軍カレーやシチューが供されることもあり、激戦地に送られた兵士や空襲に遭った一般人から見ると天国のような島だったらしい。

展示を見た後、管理棟の隣にある赤煉瓦の煙突が立つ建物をのぞいた。

「1895年に建てられた発電所です。非公開なのであまり知られていませんが、実は今も現役の発電所で、島内の電気はここで賄っているんです。できた当時は、電気燈機関舎と呼ばれていました」

建物は、気灌室と発電機室、石炭庫からなっていた。最初は、石炭を使う蒸気機関による発電だったため、煉瓦の煙突が設けられ、地下には貯水槽も残っているという。

「普通は木柱や鉄柱を建ててその間を煉瓦で埋めていきますが、この建物は純粋煉瓦建築のようです。木造キングポストトラスという構造の屋根と、煉瓦積みだけで自立した壁でできています」

歩きながらも、野内さんの説明は途切れなかった。

「公園整備をするため調査した時に、でてきたんですよ」

道路の側溝や石製のマンホールの蓋のようなものがあった。さらに登ると、道の傍らに網で覆われ石で縁取られた穴も現れた。

「ハンドホールです。マンホールは中に人が入って作業できるので、マンホール。でも、この規模は手を突っ込んで作業できるていどなので、ハンドホールといいます」

その先の崩れた崖には、折れた土管がぽっかりと黒い口を開けていた。もう少し進むと切通しが現れ、両側の壁面は凝灰岩の積み石に変わった。野内さんが指さした壁には、錆びたフック。穴も土管もフックも、そして発電所も、すべて関連があるらしい。

発電所で作られた電気は、土管の中に敷設された電纜《でんらん》（ケーブル）を通じて、山頂に設けられた電燈所（海面を照らす探照燈が設置された場所）へ送られていた。ハンドホールは地下埋設された土管を点検するための穴で、地表に出た配線を支えていたのが壁の鉄製フックなのだという。電気を送った痕跡はその後も壁に点々と残り、電燈所跡地（展望台広場）の下を貫くトンネル手前の斜面を登り、上へと消えていた。

ハンドホールの跡

電気を追いかけ先を急いだが、もう一度切通しの手前に戻ってみよう。
「両側の凝灰岩は、対岸の房総半島からもってきた房州石です」
擁壁の一番下には、房州石の側溝もあった。

「発掘調査をした際に現れたものです」

房州石の壁の所々に、精緻に積まれた煉瓦の構築物が嵌めこまれていた。右側に4ヶ所あったが、弾薬庫や兵舎に使われていた施設だという。

「戦乱が終息するかどうかだった当時、房州からこれだけの石が運ばれてきて、さらにセメントや砂、水などを必要とするモルタルを使って積み上げていったことを考えると、いかに大変な工事だったか分かります」

モルタルには砕けて磨滅した貝殻が混じり、海砂が使われたことを教えてくれる。

「ここの煉瓦はフランス積みですが、反対側の便所と思われる場所はイギリス積みです。もっとも、イギリス積みといわれているものの大半が、正式にはオランダ積みですが」

煉瓦の積み方が、ていねいで実に美しい。恐らく、大半の職人が煉瓦を扱うのは初めてだったろう。いかに美しく見せるか工夫しながら、明治になって入ってきた新

発電所と煙突

発電所内部

しい建材と格闘している職人の姿が浮かび上がってくる。1世紀以上風雨に曝されてきたので一部磨滅しているが、それさえある種の味わいとなっていた。

「基礎になっている石や天井、アーチのキーストーンなどは、本小松石。通称伊豆石として知られた、安山岩です」

上の方に一つ、取ってつけたような煉瓦枠の窓らしきものがあった。

「この上に127ミリ高角砲の司令所が造られたんですが、その付属室です。明かりとりと換気のために造られたようです」

切通し自体は、台場建造当時に造られたもので、時代の変遷とともに要塞の容貌もまた変容していったことが窺える。その一端は、路面にも見ることができた。

「調査によって、これまでの道の下からもう一つの道がでてきました」

野内さんが、木道の中央を指した。一部だけ板が張っていないため、四角いコンクリートが等間隔に並んでいるのが見える。その近くには、石積みの階段も

本小松石のキーストーン

あった。

「この石段は、第2砲台にあった4つの砲座の、真ん中にあったものだと思われます」

連合軍が武装解除にきた時、明治期の第3砲座に弾薬や武器を積み上げて爆破処理したのだが、調査時に不発弾が多数見つかったという。

「それまで、知らずに砲弾の上を歩いていたんですよ」

切通しがゆるやかに右へ曲がると、緑に苔蒸した房州石の石垣の突き当たりに、これまた端正な煉瓦のトンネルが見えた。

「ここの風景が、一番好きなんですよ」

一瞬立ち止まってトンネルを眺めてから、野内さんは「ところで……」という表情で右手の石垣を指さした。

「この辺りは、城の石垣のように丸みを帯びているでしょう。洋式の擁壁は石積みだけで自立できるが、

上に電線用のフックが残る

扉が取り付けられていた可能性がある、金具

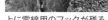

和風だと下に勾配がないと支え切れないんです」

確かに、その一角だけ裾野が広がったようになっていた。

「まだ、洋風の築城術を完全にマスターできていなかったので、伝統的な工法も取り入れたのだと思います」


時代が激変し新しい技術が怒涛のように押し寄せてきた時代、職人たちがいかに新しいものを受け入れようと苦労したか、石垣のかすかな湾曲が密かに語っているようだった。

「あれは、煉瓦アーチ造りの洋式トンネルとしては、1880年に完成した東海道本線逢坂山トンネルに次いで古いものです」

トンネルの入口で煉瓦が織りなす模様に見とれていたら、野内さんが入口周辺の壁を指した。穴の開いた石やフックのようなものが見える。

「恐らく、トンネルの入口に扉のようなものがあったんでしょう。天井も贅沢でしょう。すべて小口（煉瓦の一番面積の少ない面）なんです」

同じ天井面積を覆うにも、どのように積むかで必要な煉瓦の量がまったく違ってくる。

煉瓦トンネルの長さは90メートルで、内部には2層になった地下施設への入口が並んでいるが、現在は立入禁止でようすを窺うことはできない。司令部、兵舎、弾薬庫として利用されていたという。地上の監視所に続く階段だけ、格子戸越しにのぞくことができた。

「ここの弾薬庫は元庫とか本庫と呼ばれ、ここから砲台下の弾薬庫へ運んでいました」

トンネルを抜けた先には、ポカッと光が溜まった空間があった。そして、その先にまたトンネルが口を開いている。

ここの煉瓦は特に色の濃淡に差があって、壁面に独特のリズムを醸して面白い。黒っぽいものは、耐水性が高い焼き過ぎ煉瓦だという。後には、意識的に焼かれるようになったが、我が国の煉瓦黎明期にあっては、たまたまできてしまったようで、よく見ると一個一個の表情が千差万別だった。

「元々ここは第1砲台の弾薬庫でしたが、防空砲台が造られた時、一部が取り払われ通路に造り変えられました」

板で塞がれていたが、並行するように小さなトンネルがあった。

「はっきりとは分かりませんが、弾薬庫の通風口だったと思います」

トンネルの中は明らかに部屋の造作になっていて、壁には白い漆喰が塗ってあった。伝声管らしく穴も開いている。一隅に

はほとんど板で塞がれているが、かすかに光が射している小部屋のような空間があった。

「揚弾井《ようだんせい》です。弾薬は、この竪穴を通じて上の砲台へ引き揚げられました」

外に出て振り返ると、入口上部の壁に黒いものがたくさんこびりついていた。モルタルが剥がれ落ち、下から顔をのぞかせている感じ。

「弾薬庫を覆っていたアスファルトです。樹が繁ってくると見えにくくなるので、この季節でよかったかもしれない」

防水のため施されたのだという。そこから左の方に進むと、丸くコンクリートで覆われた場所があった。

近くの海が一望できる場所にも、もう一つ。防空砲台として設置された75ミリ高角

正面上に弾薬庫を覆っていたアスファルトの痕跡が残る

砲の砲座だった。他にも、砲座跡が2ヶ所隣接していた。沿岸砲台時代は、この辺りが第1砲台だったという。

かつて探照灯が設置され監視所があった展望台広場をぬけ、園地になっている第2砲台の跡地を通りながら港へ戻った。指さされた雑木林の中に、原形をよく残したコンクリートの構築物がかすかに見える。

「127ミリ高角砲です。あそこは、砲員待機所も残っています」

道端の草に隠れた風化が進むコンクリートは、明治時代に造られた24センチカノン砲の砲座の一部だった。

「猿島は、いろいろな側面をもっています。東京湾要塞の史跡としても評価できるし、有形文化財の近代化遺産としても価値が高い。両面から評価され二重の指定を受ける可能性もあると思っています」

1884年に要塞ができてから永らく一般人立入禁止だった謎の島は、1947年になって渡船が開始され、1957年には海水浴場も開かれた。

1993年から2年間立入禁止になって都市公園として整備され、埋もれていた要塞施設の見直しも行われた。

弾薬庫から弾丸を砲台へ引き揚げるための揚弾井

黄昏の猿島台場跡

記念艦三笠（神奈川県横須賀市）

東京湾内で唯一の自然島であり、要塞の島として知られる猿島へ向かう定期船は、三笠公園の桟橋から出航する。東郷平八郎の銅像や巨艦の砲弾が展示されるなど、歴史を色濃く感じさせる公園の象徴は、もちろん世界三大記念艦三笠だ。

近代日本の命運を分けた日露戦争において、勝利に一歩大きく踏み出したのが、日本海海戦（対馬沖海戦とも）における世界最強といわれていたバルチック艦隊の撃破だった。

同艦隊の襲来に備えて設けられた防衛施設は、本書でも紹介している猿島要塞、由

三笠公園に繋留されている記念艦三笠

良要塞、芸予要塞など数限りない。我が国も、ロシアとの軍事力格差は十分に認識していたのだ。だから、必死になって防備を固めた。

輝かしい戦果を挙げた日本海軍連合艦隊の旗艦が、敷島型戦艦の四番艦である戦艦三笠だった。日清戦争講和に際し、露仏独から三国干渉を受け苦汁を飲まされた日本は、軍事力増強を図るべく戦艦6隻、装甲巡洋艦6隻を主軸とした六六艦隊整備計画を推進。

三笠は、イギリスのヴィッカースに発注し建造された。

1902年3月日本海軍に引き渡され、すぐに横須賀に回航。翌年12月、連合艦隊に編入されて旗艦となった。

1904年2月から日露戦争に参戦し、旅順口攻撃や旅順口閉塞作戦、黄海海戦に参加。1905年になって、朝鮮半島の鎮海を拠点に訓練を繰り返しバルチック艦隊との戦いに備えた。厳しい訓練が実を結んだのが、日本海海戦の勝利だったが、三笠も113人の死傷者を出している。

日露戦争が終わった直後、佐世保で原因不明の爆発事故を起こして沈没。

翌年、浮揚の上修理をし、1908年第1艦隊の旗艦として復帰を果たす。

1923年ワシントン軍縮条約によって廃艦が決定し、9月に除籍。1925年記念艦として横須賀で保存されることになり、翌年保存記念式が行われ記念艦三笠となった。

⑤中里戦闘指揮所跡、掩体壕、電波探知基地跡（喜界島・鹿児島県喜界町）

奄美大島北部の東に寄り添うように浮かぶ喜界島は、近年はゴマ（それも在来種）の日本最大の産地として知られるようになった。

さらに、この10年で南西諸島最大級の集落跡や鉄資源がない島に製鉄炉跡が発見され、考古学的にも注目を集めている。

そんなアジアに向かって開かれた島に、太平洋戦争中多くの軍事施設が造られた。

奄美十景の一つ百之台には、米軍の攻撃に備えて電波探知基地が造られた。

磨田兵曹長率いる40名の兵士は敵機襲来をいち早く察知し、巌部隊喜界島分遣隊本部（海軍南西諸島航空隊）へ報告する任務を担っていた。基地建設の際には、多く

中里戦闘指揮所跡

の女子挺身隊も動員されたという。

中里集落の今は住宅地となっている一角に、鉄筋コンクリートのいかつい建物がそびえている。海軍航空基地の戦闘指揮所跡。太平洋戦争末期、現喜界空港は沖縄方面の敵艦隊を目指す襲撃機や特攻機が、整備や給油を行うための中継飛行場となっており、その指揮を執っていた場所だ。

米軍の沖縄上陸後、喜界島（特に飛行場周辺）は日本軍の最重要基地として連日連夜にわたり米軍機の猛攻撃を受けた。しかし、滑走路などが爆撃で破壊されても、夜間に島民を総動員して屋敷の石垣などで穴を埋め、すぐに使えるようにしていたので、敗戦まで機能していた南西諸島唯一の飛行場だったという。

南へ向かう飛行機を米軍の爆撃から守るため、島内の50数ケ所に掩体壕（防御用の格納庫）が建設された。ただし、有蓋コンクリート製は一ケ所だけ。あとは、三方に盛土して木の枝などで覆っただけのお粗末なものだった。唯一のコンクリート製掩体壕は、主に戦闘機の整備場として使用されていた。

民家と隣接する中里戦闘指揮所跡

中里戦闘指揮所の内部

唯一コンクリート製だった旧掩体壕

百之台にある電波探知基地跡

⑥旧日本軍基地跡（硫黄島・東京都小笠原村）

東京から約1000キロ南の父島から、さらに南南西280キロに浮かぶのが硫黄島だ。1543年スペイン人によって発見され、その後イギリスの探検家ジェームズ・クックの部下によって、サルファーアイランド（硫黄の島）と名付けられた。

世界的にも地殻変動の激しい島で、年間数10センチ隆起することもあるという。戦前、離れ島だった釜岩は今や完全に硫黄島の一部となっている。そのため面積は広がり続け、遠からず父島を抜いて小笠原最大の島になるものと思われる。摺鉢山の標高も、徐々に高まりつつある。また、たびたび噴火を繰り返しているという。

日本人が入植したのは、1889年になってから。

摺鉢山と米軍上陸地点

硫黄採掘のためだった。1891年硫黄島の日本への帰属が決まり、組織的な移住と開拓がはじまる。当初は硫黄採掘だったが、徐々に農業に比重を移し、サトウキビやレモングラス、薬用植物のデリス、コカなどが栽培された。水に乏しく過酷な環境だったが、地味は豊かで戦前を知る人は地上の楽園だと語っていたという。

南海の楽園に暗雲が垂れ込みはじめたのは、1940年に海軍の飛行場が造られた頃からだった。南洋における日本軍の拠点が次々に奪われると小笠原は最前線となり、広大な滑走路を建設できる硫黄島は、米軍の最重要攻略拠点となった。

日本軍は、激しい地熱が渦巻く島に何10キロにも及ぶ地下壕を掘って要塞化し、持久戦に持ち込む作戦をとった。そのため、圧倒的な戦力で襲い掛かった米軍だが、地下に潜んで神出鬼没の攻撃を加える日本軍に悩まされ、約40日間にわたる激

砲身に不発弾がめり込んだ大阪山1番砲

戦が繰り広げられることとなった。

　その結果、日本軍は2万129人の戦死者を出し、アメリカ軍も6821人の戦死者と2万1865人の戦傷者を出すという、太平洋戦争史上最大の激戦地となった。収集された遺骨は全体の4割ほどで、半分以上はまだ硫黄島に眠っている。また、軍属として硫黄島に留め置かれた島人も103人中82人が命を落とした。

　現在、一般人の立入は制限されており、交通手段もないことから現実的には上陸不可能だ。硫黄島戦没者遺族の訪島事業や遺骨収集団、小笠原村訪島事業などでしか行くことはできない。

　島に滞在しているのは、海上自衛隊と航空自衛隊の隊員と施設維持に携わる建設会社の要員だけ。なかなか行くことのできない場所なので、自衛隊員の間でも人気の高い赴任地だという。ただ、霊感の強い人の場合、一人で夜中にジャングルに入っていき、

撃墜した米軍機を利用して造ったトーチカ

亡くなった日本兵と語り合うなど、不思議なふるまいをする人がいるらしい。しかし、天皇と皇后が硫黄島を訪れて慰霊した後、そのような現象も目に見えて減ったそうだ。

どれほどの地下壕が造られたか、はっきりした記録もなくよく分かっていないのが実情だという。アメリカ軍は、組織的な抵抗が終わった後もゲリラ戦を続ける敗残兵に手を焼き、潜んでいると思われる地下壕を火炎放射器で火責めしたり、ガソリンなどを流し込んで焼き払い、仕上げに穴を埋めていった。そのため、今も思いがけない場所から地下壕が現れ、多くの遺品が見つかることもあるという。

ただ地下壕に入っただけでも、地熱と湿度の高さに悩まされるのに、ここでろくな道具もないまま掘削作業を続け、食べ物も水も乏しい中、圧倒的な物量を誇るアメリカ軍に抵抗し続けた兵士たちの苦しみは、とても想像などできない。

兵士の遺品や兵器の残骸

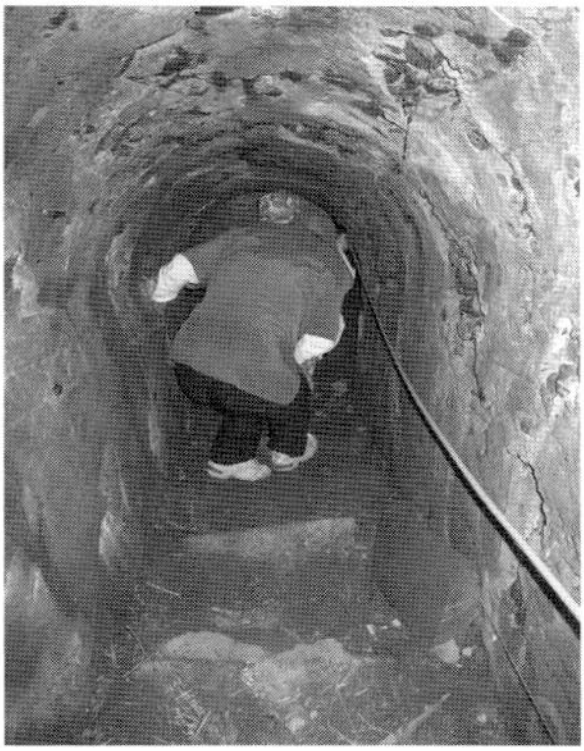

兵団司令部壕の通路はさすがにコンクリート製

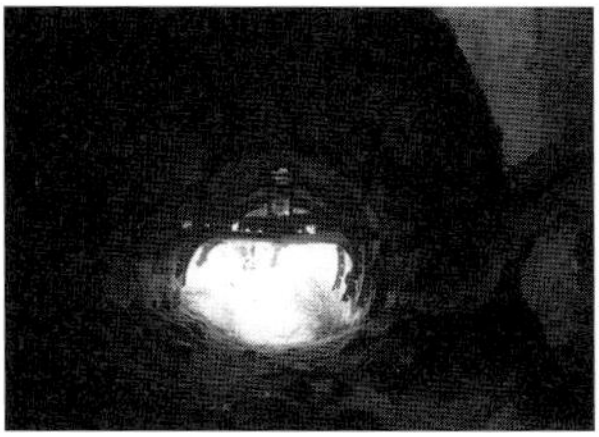

米軍機トーチカの内部

水平砲

落書きだらけの記念碑

捨て石にされたコンクリート船

兵団司令部壕の内部

⑦監的哨跡（神島・三重県鳥羽市）

もしかしたら、神島の監的哨は日本でもっとも有名な戦争遺産の一つかもしれない。

三島由紀夫の代表作の一つ『潮騒』のクライマックスシーンに選ばれた場所が夜の監的哨で、小説としてベストセラーになったばかりでなく、5回も映画化されてきた場所だからだ。今風に言えば、小説・映画『潮騒』の聖地ということになる。

三島が「伊勢湾のギリシャ神話」を書きたいと志し、神島へ取材で訪れた時に宿を提供した寺田家の嫁だったこまつさんは、作家が語った言葉を今もよく覚えているという。

「ぼくが今書いている作品ができあがったら、神島は日本国中に知れ渡りますよ。書いている途中で自信をもってそう言えるとは、ただ者じゃないと思いましたよ」

また、こうも言っていたという。

「都会だったら好きな者同士が勝手に一緒になるけれど、親の許しがないと結婚しないという神島のような美徳を残した土地があるこ

監的哨からの眺め

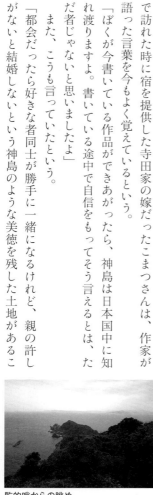

とを、都会の人たちに教えたい」

三島の予言した通り、神島は全国的に有名になり、それに伴い監的哨の存在も広く知れ渡るようになった。

昭和4年、旧陸軍によって造られた。2階建てで屋上にも上ることができるコンクリート製の監的哨は、元々伊良湖試験場から発射された試射弾の着弾地点を観測するための施設だった。だから眺望がよくなくては役に立たず、今も見晴らしのよさは抜群だ。老朽化に伴い一時は立入禁止の措置をとるという話もあったが、2013年耐震補強がなされ引き続き神島随一の観光ポイントとなっている。

島の道は狭く険しいので、クルマが走れる道はほとんどない。歩いて一周すると1時間ほどで、その途中に監的哨跡がある。

新進気鋭の青年作家は、生粋の島娘から見たら、どんな人物だったのだろうか。

「本当に気さくな方でしたね〜、家族みたいなもので。夕食の時、今日はこんなことがあったなんて、話していた。先生は気むずかしかったでしょう、と聞く人がいる。でも、本当に、気さくな方でした！」

三島に偏見を抱いている人間に、心底怒りを覚えているようだった。

旧監的哨

旧監的哨からの眺め

⑧由良要塞友ヶ島砲台跡、旧海軍聴音所跡（友ヶ島・和歌山県和歌山市）

以前、友ヶ島《ともがしま》へわたる人は、夏の海水浴客や釣り人、廃墟好きだったが、最近はそれに聖地巡礼者やコスプレイヤーが参入している。友ヶ島の砲台跡が、まるで「天空の城ラピュタ」の世界だという話が広がり、訪れる人が急増している、という話は聞いていたが、加太の船着き場に行くと、やはり船室も甲板も人でいっぱい。定員に達したようで、定刻少し前に友ヶ島へ向けて出航してしまった。

島の狭い桟橋は、すでに釣り客で大賑わいだった。下船客も思い思いの場所に散っていく。帰りの船まで4時間しかない。最初に、旧日本軍の施設が集中する南西部をめぐることにした。

小さな坂を登って下ると、左手奥に堂々とした赤煉瓦

破壊の痕が生々しい第2砲台跡

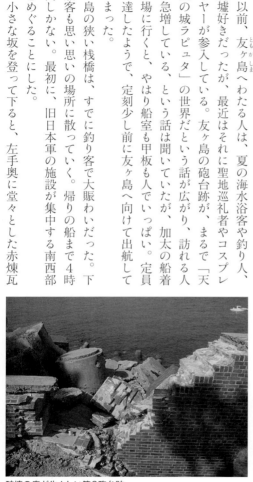

の建物がある。重厚な造りからして、旧日本軍の施設だったようだが。素性が分からない。坂の高みまで登りつめると、広々とした池尻浜が見えた。奥の海岸線がやや突き出した所に、煉瓦造りの大きな構築物が鎮座していた。第2砲台跡だった。

以前は土手に囲まれていたようで、一部が切れ両側に石垣を積んだ通路になっていた。そして、正面には煉瓦とコンクリートで築かれた重々しい建物が横たわっていた。所々に花崗岩も使われていて、灰白色と煉瓦色のコントラストが美しい。

戦前、特に明治時代に建造された軍の施設は、どこか温かみを感じさせてくれさえする。軍の基地に機能性は求められても、美的に洗練されている必要はない。それなのに、一般的な感覚で見ても美しい。友ヶ島の砲台も、明治前半の建造だ。

1898年に完成した第2砲台は、戦後爆破処理されたために破損が激しく、主要部分は立入禁止になっていた。それでも、原形を留めている部分が多く、かつての威容を十分に偲ぶことができる。

裏側へ回り込むと、一面芝に覆われた海岸になっていた。その脇に、爆破された建物の巨大な破片がごろりごろり。平和な時と戦争遺跡が、ごく自然に共存している不思議な光景だった。コンクリートの巨塊も多いが、鉄筋は一切入っていない。まだ、鉄筋コンクリートの技術が伝わっていない時代の遺物。近くには、大砲が備え付けられていた丸い砲座が残っていた。

第2砲台跡から南の友ヶ島灯台へ向かう。真っ白に塗られた石造の灯台は、高さ12・2メートルと比較的小柄。ずんぐりとして可愛らしい。イギリス人リチャード・ブライトン（ブラントン）の設計により1872年に完成したもので、我が国で8番目に造られた洋式灯台。大阪湾への入口として、友ヶ島周辺の海域がいかに重要視されていたかが分かる。その後、第1砲台を築造するため、1890年現在の場所へ移設された。同じ敷地に建つ、かつて灯台守の官舎だったという石造の洋風建築も味わい深い。

灯台南西の深く掘りこまれた場所には、1890年に造られた第1砲台付属の煉瓦建造物が眠っていた。上には、砲座跡と思われる円形の大きな窪地が残り、中をコンクリートの歩道が横切っていた。貴重な遺構のはずだが、注意していないとそのまま通り過ぎてしまいそう。

今来た道を少し戻って、南側の孝助松海岸にでた。一帯の平地には軍の建物があったらしく、芝の広場に一部煉瓦壁を留めた小屋や大きな建物の礎石が点在し、その向こうには蛇ヶ池の水面、松林と海が見える。伝統的な景勝地といってもいい。

ここからは、長く本格的な登りとなった。標高90メートルほどの小展望台で大阪湾を一望し、さらに一等三角点があるコウノ巣山展望台

友ヶ島灯台と石造りの官舎

第1砲台跡

へ。三角点前の案内板には、標高119・9メートルとあった。

さすがに島の最高点だけあって、眺望が一段と素晴らしい。彼方には、淡路島の大きな島影が長々と連なり、対岸由良の手前には2つの山が砂州で繋がれてできた成ヶ島《なるがしま》が横たわる。あそこにも友ヶ島と同時期に砲台が造られたが、現在はわずかに遺構が残るだけ。一方同じ由良要塞の一部として建造された友ヶ島砲台群は保存状況もよく、2003年に土木学会選奨土木遺産に認定されている。

和歌山市のHPによると、評価されたのは以下の点だ。

――フランス式布陣の5ヶ所の砲台からなり、発電施設など明治20年代当時の多方面の最先端科学技術の粋を結集し、それを今に伝える貴重な文化財。弾丸、弾薬庫を含めた大半の施設は地下化されている。周辺の深山砲台、加太砲台（ともに明治30年代建造）とともに由良要塞を構成している。日清戦争以前の明治期日本の4砲台（東京・対馬・下関・由良）の1つであり大阪城、姫路城、五稜郭などと同じく専守防衛の施設である。近くに残存する、明治初期に舟運のために建造された友ヶ島灯台もA級の近代土木遺産である。

第3砲台跡は、展望台の下にあった。友ヶ島には、虎島砲台を含めて6砲台が設置されたが、その中でも第3は最大級で保存状態も良好だ。竣工は、1892年5月。28センチ榴弾砲8門8砲座を備え、全体の大きさは横幅180メートル、奥行60メートル。

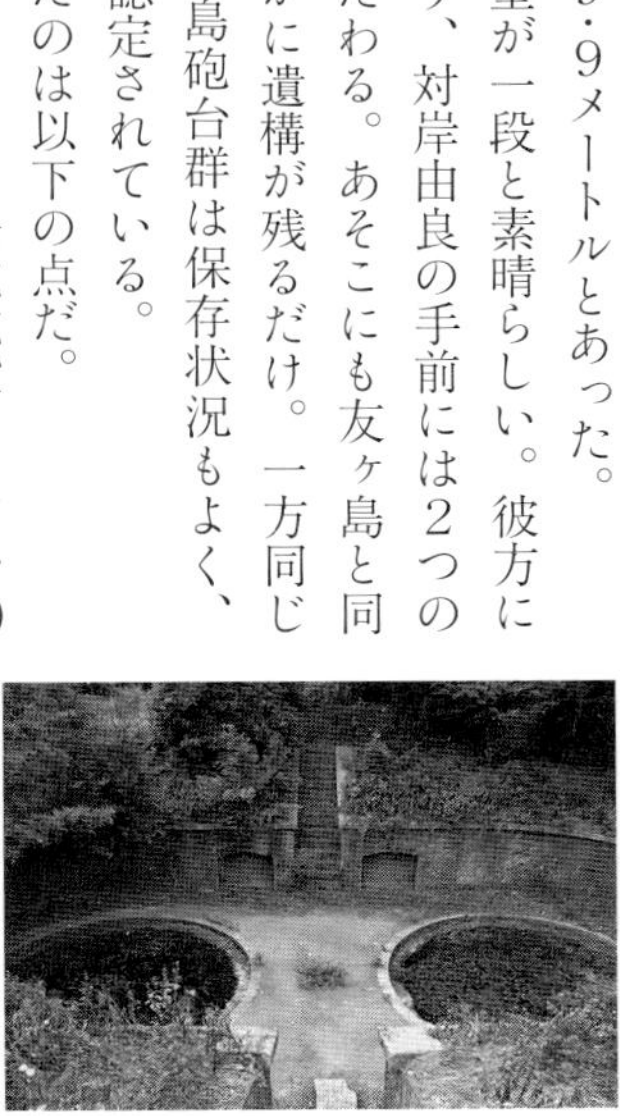
第3砲台跡

砲台だけで約1ヘクタールもある。今のように便利で強力な建設重機や油圧機器もなければ、輸送船も貧弱だった時代に、1年半でこれだけの砲台を建造してしまったのは、やはり欧米列強の侵略に対する、強い危機感の表れだろう。

第3砲台跡は第1、第2に比べ圧倒的な存在感があった。保存状態が非常によく、かつ大半の施設を自由に見学できるからだろう。立入できるのは、4対8つの砲座と砲座間を繋ぐトンネル、弾薬支庫と半地下の通路、監守衛舎（立入禁止）と発電所（立入禁止）があった敷地など。

半地下通路から各砲座へもトンネルがついていたが、真っ暗で懐中電灯なしには歩けず、途中で引き返さなくてはならなかった。

残されている監守衛舎や発電所は、さすがに屋根が落ち内壁が崩れ、かなり傷んでいたが、煉瓦の外壁や花崗岩の飾り石は健在で、在りし日の面影を偲ぶことができた。

さらに、半地下通路へ通じるトンネルの入口に使われた煉瓦の目地に目を見張った。

狭い目地の真ん中が少し盛り上がった覆輪《ふくりん》目地だったのだ。手間が

第3砲台監守衛舎跡

第3砲台発電所跡

かかる化粧目地の一種で、人の目につきやすい場所に使われることがある技法。

　厳しい軍事機密によって閉ざされた要塞の心臓部だから、一般人の目につくことはまずないし、兵隊たちもその価値をほとんど理解できないだろうに、昔の職人はこんなところにも手間を惜しまなかったのか。思わず、腕を組んで見入ってしまった。

　第3砲台から船着き場近くまで戻り、海岸にそって北上した。北垂水の小さな浜を横に見てしばらく登ると、第4砲台跡があった。四角錐のきれいな煉瓦の門柱があり、正面には瓦屋根が半ば落ちた煉瓦の官舎がたたずんでいる。奥の方から人のざわめきが聞こえてくる。懐中電灯を手にしたガイドが、中学生を相手に説明をしていたのだ。どんな話をするのか、こっそり聞いていたかったが、

「お客さんが来たから、通してあげて」

とガイドが繰り返し、みんな道をあけてくれたので、そのまま真っ暗な中へ入らざるを得なかった。第3砲台のトンネルほど長くはなく、壁に触れながら進むと10メートルほどで石段にぶつかった。目が慣れてくると、上にぼんやりと口が開いている。砲座と砲座を繋ぐトンネルに交差する通路だったのだ。砲座跡自体は、改めて見るべきものはなかった。

第4砲台跡

⑨毒ガス工場跡（大久野島・広島県竹原市）

人間のもつイメージの変化は、面白い。何かをきっかけに、大きく変わることがある。例えば、しまなみ海道に連なる大三島のすぐ北に浮かぶ大久野島。

明治から大正にかけては芸予要塞の島だったが、昭和に入ると毒ガス工場の島に変身を遂げる。１９６３年には、全島が国民休暇村となって、毒ガス工場跡には立派な宿が建ち、リゾートの島に再度大変身。

この数年は、ＳＮＳの影響でウサギの島として世界中に知れわたり、外国人観光客もうなぎ登り。週末は、新幹線の三原駅前桟橋から、大久野島へ直行する船が就航したほどだ。

しかし、今回は旧日本軍との関わりについてひも解いていきたい。

大久野島の港で大久野島毒ガス障害者対策連絡協議会副会長（取材時）の岩野清人さんと合流して、休暇村本館へ向かう。木

芸予要塞の中部砲台跡

立に囲まれた朗らかな煉瓦色の建物は、岩野さんから世界唯一の『毒ガス資料館』と教えられなければ、リゾートの一施設に見えてしまう。自転車の貸し出しや体験学習を行っているネイチャーステーションの建物はかつての研究室で、その裏の検査工室とともに、唯2つだけ現役(取材時)で使われている当時の建物だという。改めて島をめぐる前に、休暇村本館のレストランで昼食をとりながら、岩野さんから毒ガス工場の話を聞いた。

1923年、当時の最先端技術の粋である毒ガス研究を秘密裡に進めていた陸軍は、東京戸山ケ原の科学研究所敷地内に毒ガス研究所や製造実験室の設置を決定。その直後、関東大震災が発生して延期になる。翌年、計画は実施されたが、周辺人口が多く皇居も近いことから、地震などで不測の事態が起きたときの影響が計り知れないとして、周囲に被害を与えることのない土地を探しはじめた。

不況の嵐が吹き荒れる時代、各地の有力政治家軍人を巻きこみ、陸軍軍需工場の激しい誘致合戦が起きる。その結果、明治中期に要塞が造られた後、軍縮のために放棄された大久野島に、1927年白羽の矢が立った。何が造られるか知らない人々は、

大久野島毒ガス資料館

提灯行列で歓迎し祝ったという。ちなみに毒ガス戦の研究は、筆者の住むすぐ近くの陸軍習志野学校でも行われていたという。

1929年5月、東京第二陸軍造兵廠火工廠忠海兵器製造所が完成し、毒ガスの生産を開始した。この時点で、毒ガス工場の規模がどこまで膨らむか、誰も予想していなかったという。最盛時、従業員は5000人に達した。そのころ、大久野島は軍の機密により地図から消されてしまう。多い時の年間生産量は1500トンに達し、総生産量は6616トンと言われている。1940年、工場内に陸軍造兵廠技能者養成所を設け、近隣の高等小学校の卒業生たちを採用するようになる。1944年には原料不足で毒物の製造は下火になり、敗戦を迎える。その時、3000トン以上の毒ガスが残されていた。そして、戦後の毒ガス処理に当たって多くの被害者がでたのだった。

研究室跡

昼食後、穏やかな日射しにつつまれた大久野島を、岩野さんの案内でめぐった。ただし、消えた毒ガス工場内をめぐる旅。高等小学校を優秀な成績で卒業した岩野さんは、1940年4月技能者養成所に入所して、1944年海軍に入隊するまでの4年間を大久野島で過ごす。採用されたとき、島でのことは親兄弟にも一切口外しないという誓約書を書かされたという。「休暇村本館のあたりが工場の中心で、もっとも毒性が強く『死の露』と綽名されたルイサイト（黄2号）も造られていました。1962年になって宿舎を建築するときに、側溝の隙間から染みこんだと思われる残留ガスで事故が起き、負傷者がでているほどです」

本館のすぐ西に、毒物タンクの貯蔵庫があった。内側に鉛を貼りつけた鉄のタンクに入れて貯蔵したという。そこから、海沿いに北へ進むとグラウンドやテニスコートがある。

「この辺にも工場があって、発煙筒や緑1号（催涙ガス）を、その先では茶1号（窒息性の青酸ガス）も作っていました。茶1号は、例のサリンとほとんど同じもの。殺虫剤殺鼠剤のサイロームとして売られていた。毒ガスの唯一の平和利用です。戦後、大久野島の毒ガス処理を請け負った帝人は、残された材料で殺虫剤を作り、かなりの収益をあげ、会社はそれで生き延びることができたそうです」

コンクリートのゲートのようなものが目に入った。大きい。高さは10メートルくらいあるだろうか。ゲートの奥は丘を掘り窪めたようになっており、両側に縦長の巨大な部屋がいくつも並んでいた。壁は黒く煤けている。

「一番大きな毒ガス貯蔵庫で、黒く焦げた跡は戦後毒ガスを焼却処

毒ガス貯蔵庫跡の前でウサギと戯れる親子連れ

旧日本軍発電場跡

分した時のもの。私たちが手作り火炎放射器で、焼き払いました」

　毒ガスの恐ろしさについては占領軍も認識不足で、最初の処理責任者としてやってきたオーストラリア人将校は毒ガスを嗅いで、倒れたという。なんの知識もなかったのだ。後任に米軍の化学兵器将校ウイリアムソンがやってきて、一挙に処理が進んだ。岩野さんはその知識を買われて、処理要員として駆り出され、１９４６年5月から１９４８年8月まで従事した。

「毒ガスについて知識のない人間をたくさん動員したので、被害が広がった。防毒面も密着していないと役に立たないので、何回か練習し調整する必要がある。それなのに、夏はゴム手袋をしただけで、イペリット入りの砲弾を裸で扱っていたんですよ。柄杓で毒ガスを汲んでドラム缶に詰めたり。毒ガスが充満するので、船の中が一番危険でした」

　大半の毒ガスは土佐沖１２０キロに運び、船ごと爆破し

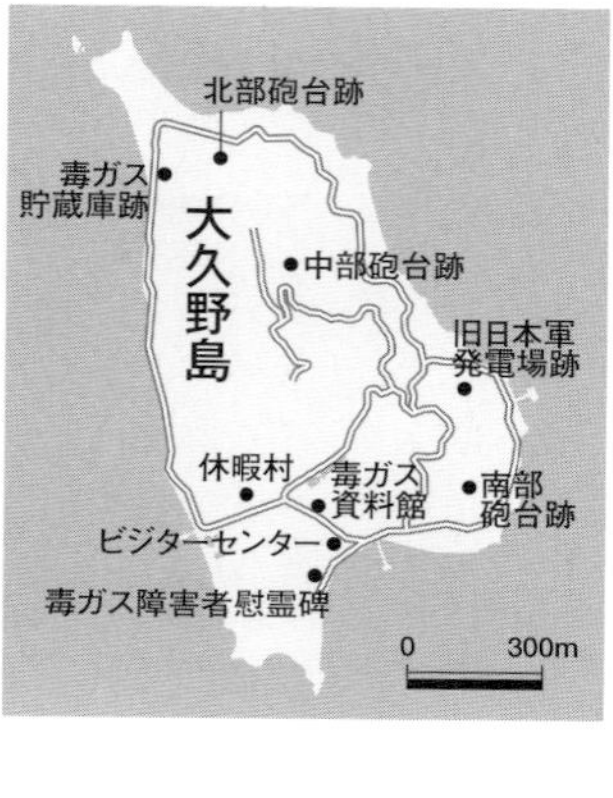

毒ガス工場発電所跡

て海洋投棄処分した。

「その頃竹原周辺には、痰が絡んで息ができないので、喉に穴を開けガーゼで覆っている人がたくさんいました。毒ガスの被害は、肺結核と症状が似通っているので、当時はなかなか分からなかったんです。処理の終わった1949年頃から、救済を求める運動が起こった。そして、実際に救済がはじまるのは1954年4月から。症状の重い人は、それまでに大半が亡くなっていました……」

動員された学徒の救済は、1970年代になるまで手がつけられなかった。

島の反対側にまわりこむと巨大な発電所がたたずんでいた。四角いコンクリートの建物にはびっしりとツタが這い、窓ガラスはほとんど残っていない。傷みがひどいので土を被せて埋める計画だったが、平和学習で訪れる子どもたち（資料館の入場者の半数が小中高校生）から、しきりに残して欲しいという声があがり、放置してあるのだという。

貯蔵庫内の壁に残る毒ガスを焼き払った時の煤の跡

陶磁器製毒ガス製造器具の間にもウサギが潜む

⑩由良要塞成山砲台跡（成ヶ島・兵庫県洲本市）

淡路島が一番西へ突き出し、紀淡海峡が最も狭くなったところに、淡路島にそっと寄り添うように浮かぶ痩せ細ったタツノオトシゴのような形の小島がある。成ヶ島だ。

北側の成山が島の最高地点で、その南にずっと砂洲が続き尾鰭に当たる高崎がまたちょっと高い丘になっている。２つの小島が、砂洲によって結ばれたらしい。

幅は最大でも３３０メートル。平均すると１００メートルあるかないかの狭い砂洲が、対岸の由良と付かず離れずの距離を保ち、ゆるやかにうねりながら約３キロにわたり横たわっている。淡路橋立の異称を持つのが、よく理解できる地形だ。

由良と成ヶ島が作り出した地形ゆえに、古代から交通の要衝として栄え、律令制により南海道の由良駅が置かれていたという。南北朝時代になると、熊野の安宅氏が淡路水軍を統治するためやってきて城を築き、

成ヶ島北端の成山から南端の高崎方面を望む

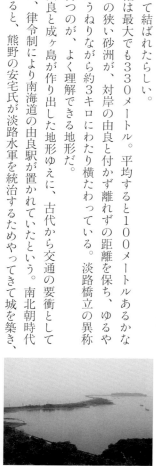

由良は淡路島最大の港として繁栄する。

１６３１年になって蜂須賀氏が拠点を洲本へ移したが、港町として栄え続けた。船の出入りが増え港を整備するため、まず成山との間が開削され、後に高崎との間も切り開かれ、成ヶ島が誕生する。

開国を執拗に迫る外国船が日本近海に頻々と出没するようになった幕末、高崎に砲台場が造られた。当時築かれた台場の石垣には、成山城の石垣が利用されたという。

紀淡海峡を挟んで１８８９年に由良要塞の建設がはじまり、１８９６年成ヶ島の成山と高崎にも砲台が造られたが、１９１３年に廃止となった。

日露戦争に際しては、高崎の28センチ榴弾砲が激戦地だった中国の２０３高地に運ばれ活躍したという。今も、高崎には巨大なコンクリートの遺構が残る。

成山につけられた遊歩道を数分も登ると、ポッカリ開けた山頂部にでる。四阿やベンチが設けられ、芝地を白い遊歩道がめぐる公園になっているが、かつてはここに国民宿舎があったという。公園の南端に砲台の跡が残り、白日の下に晒されている。

成山砲台観測所跡

高崎砲台関連の遺構

⑪旧陸軍検疫所跡（似島・広島県広島市南区）

広島の宇品港沖に位置する似島は広島市南区に属し、地元では安芸小富士の島として知られる。本土に富士見町や富士見橋があったり、校歌に登場するほど存在感がある。

広島湾内の静かだった島は、新生日本が存亡をかけた日清戦争の勃発によって大きく変わり、以後太平洋戦争の敗戦まで、軍の島として生きることを余儀なくされた。

以下は、似島在住の郷土史研究家宮崎佳都夫さんから聞いた話と、同氏が執筆した研究成果を参考にまとめた、軍の進出から敗戦までの似島史だ。

日清戦争がはじまると、世界的に流行していたコレラなどの伝染病を、帰還兵が持ち込まないよう水際で阻止するため、陸軍野戦衛生長官石黒忠悳、陸軍次官児玉源太郎、後の東京市長後藤新平らが協力して、１８９５年６月１日

似島学園に隣接した弾薬庫に通じるトンネル

似島に臨時陸軍検疫所（後の第一検疫所、現在は似島学園）を開設した。建設に着手したのは同年4月4日で、わずか2ヶ月足らずで3万坪余りの敷地を造成し、総建坪2万2660坪（一部は開所後に完成）の建物を、交通も不便だった離島で完成させた、というのだから信じがたい。重機など一切なく、もっぱら人力にしか頼ることができない時代においてである。

消毒所だけで16棟。その他に、検疫隊兵舎4棟、停留所（検疫を受けた兵士が一時的に滞在した場所）16棟、疑症者室6棟、快復室2棟、事務室4棟、隔離病舎13棟、倉庫7棟、桟橋4ヶ所。それ以外にも、談話室、炊事室、炊事場、喫煙室なども造ったという。同じ時期に、軍は山口の彦島と大阪の桜島にも検疫所を造ったが、似島が圧倒的に大きく東洋一の規模を誇った。

兵士たちが上陸する桟橋と、検疫を終えて島から去っていく桟橋は厳密に分けられ、上陸してから去るまでの動線が一切交わることがないよう設計されていたという。用地は、最初は強制的に借り上げられたが、のちに国有化された。

ある意味では似島住民に後世まで忍従と犠牲を強いる起

似島学園の南側にある弾薬庫跡

点となったといえよう。

と、宮崎さんは語る。これが、軍に蚕食されていく似島のはじまりだった。太平洋戦争末期には、元々山がちだった似島の平地は、中心集落の家下《やじた》を除き、ことごとく軍によって強制的に使用されることになった。

日清戦争に比べ、日露戦争は出征兵士の数が膨大で、似島に第二検疫所（現在は、少年自然の家）が設けられたほど。1905年の日露戦争に際しては、全国での検疫人員は128万9621人だったが、似島では半分以上の66万3443人の検疫をしている。60万余の中には、約5万1000におよぶロシア兵の捕虜も含まれていた。

似島未消毒桟橋とカキ棚

検疫を終えた兵士たちは、宇品まで通じていた軍用鉄道によって帰還し、捕虜も各地へ運ばれていった。日露戦争後の捕虜収容所は松山などが有名だが、宇品からの鉄道輸送が滞っても対応できるよう、似島にも捕虜収容所が造られた。また、ロシア兵の7割はロシア人だったが、その他にポーランド人、ユダヤ人なども含まれていたという。

青島戦争（第一次世界大戦）の際は、第二検疫所だけで対応できた。この時、大阪のドイツ人捕虜が似島に転収容され、第二検疫所内の収容施設で3年間過ごすことになる。捕虜の中には、洋菓子職人として名を成すカール・ユーハイムもいて、収容所で日本初のバウムクーヘンを焼き、似島は「バウムクーヘン日本伝来の地」となった。

時代が下ると、第一検疫所は兵器支廠似島分廠となり倉庫などとしても利用され、1940年には検疫所南側の大黄地区に馬匹検疫所（現在は、似島小学校、似島中学校）が設けられ、軍馬の検疫が行われた。また、敗色が濃くなった太平洋戦争末期には、半潜航攻撃艇の教育訓練基地、燃料貯蔵施設、特攻隊用兵舎、高射砲陣地などが次々と造られ、似島はほとんど軍島と化した。

太平洋戦争末期、第二検疫所には広島大空襲に備え、医療材料や医薬品が備蓄がされ、臨時救護所に指定されていた。そのため原爆投下直後の午前10時頃から、市内の原爆被爆者が続々と運び込まれはじめる。最終的には1万人を超す被爆者が似島へ運ばれ、その多くがもがき苦しんで亡くなった。

火葬が間に合わず土葬された遺骨は、戦後何回かにわたって収集された。彼らの霊を慰めるため、似島中学校の南に慰霊碑が建立されている。

似島学園の南側にある弾薬庫跡

⑫芸予要塞小島砲台跡（小島・愛媛県今治市）

今治からしまなみ海道に入ると、すぐに来島群島の一つ馬島の上を通過する。その時、左下に見える小さな島が小島《おしま》だ。南側の来島とともに来島群島を成している。周辺の来島海峡は、鳴門海峡・関門海峡と並んで、瀬戸内海でも特に激しい潮流で知られている。

小島に上陸すると「名勝波止濱」と刻まれた石柱があり、近くに島の案内図があった。地図から読み取れたのは、港周辺の集落以外は全島要塞、という小島の姿だった。現地で河野美術館館長（取材時）の桑原友三郎さんと今治市文化振興課課長補佐（取材時）の長野誠悟さんと合流して、要塞探検に出かけた。散りはじめた爛漫の桜を眺めつつ数分も歩くと、風格ある赤煉瓦の発電所跡があった。

外壁のチョコレート色や淡い茶色の煉瓦は朽ちたようすは

探照灯台跡

なく、とても100年以上前のものとは思えない。表面は艶やかでさえある。なでてみると、堅固な肌触りだった。かなりの高温で焼かれ釉薬もかけてあるので、長年の雨風に耐えてきたのだろう。

「この煉瓦は、これまでドイツ製といわれてきましたが、最近の調査で広島の安芸津で焼かれたものだと分かりました。ここで発電して探照灯に電気を供給したんです。だから、小島で電気がついたのは、今治や松山よりも早かった」

中に、軍人の大きなモノクロ写真がある。小島に要塞を築いた、上原勇作工兵大佐だった。フランスの砲工学校に留学し、当時世界で最新の築城工学を学んだ陸軍のエリート。1899年、南下政策をとるロシアのバルチック艦隊来冦に備えて全国に要塞を築いた時、建設の総指揮官となった人物だ。

同時期に、外海に面した佐世保・下関・紀淡海峡の由良や友ケ島・函館などにも要塞が築かれたが、それは理解できる。しかし、芸予（小島と大久野島が対になっている）といえば、瀬戸内海も中央に近い。この位置づけに、当時の日本とロシアの国力の違いを感じずにはいられない。ここまで侵攻され

南部砲台の地下室跡

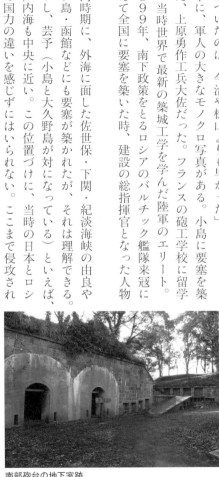

るのは仕方ないが、芸予では食い止めるぞ。そんな悲愴な覚悟がひしひしと伝わってくる。

小島要塞は1899年5月に着工し、わずか10ケ月後の1900年3月には造成工事を終了。続いて、砲座の組み立てや関連施設の建築などがはじまった。もちろん、上原のフランス式築城技術が駆使された。また、伊藤博文の要請で来日したオランダの工兵大尉も技術指導したという。

現在ならば100億円ともいわれる巨費を投じた工事には、無筋コンクリートの曲面天井や煉瓦造りのアーチなどの新技術も導入された。また、当時最大級だった28センチ榴弾砲は、日本で開発されたものだった。


発電所前には、2000年秋に建てられた立派な顕彰碑があった。なぜ、今になって小島要塞顕彰なのか。

「日本の近代化の歴史をくぐり抜け、ほぼ無傷で残された貴重な文化遺産として顕彰しようという機運が民間から盛りあがって、市もそれに協力しようということになり、小島砲台顕彰実行委員会ができました。復元工事の資金を得るため一般市民から寄付を募ったところ、1口1000円

南部砲台跡

で5000人くらいが応じてくれました。地元の波止浜（1955年に今治市に合併）では、自治会を挙げての熱心な募金活動でした」

ところで、1902年に完成した小島要塞は、その後どんな運命をたどったのか。強力な28センチ榴弾砲6門は、1904年の暮れに日露戦争の激戦地となった旅順へ運ばれ、最難関だった203高地攻略に決定的な寄与をした。固定砲架にしっかり据えつけられた巨砲をどうやって外し、山から降ろして船に積みこんだかは、一切記録が残っていないが、想像を絶する作業だったろう。

28センチ榴弾砲の参戦はあったが、それ以外幸運にも要塞としての役割を果たすことはなかった。大正時代に入ると、軍事戦略における航空機の比重が高まり、1922年に砲台の廃止が決定された。それを知った波止浜町長原真十郎は、すぐに陸軍省に町への払い下げを請願。小島の松林を魚付保安林として保護し、要塞地域を町営公園としてその価値を後世に伝えるためだった。要塞廃止決定直後から、顕彰する動きがあったのだ。

原の熱心な運動により払い下げが決定したが、その前に

北部砲台跡

砲台は航空機の爆撃演習の標的にされることになった。1926年8月に演習は実施されたが、「あんな飛行機ぐらいで壊れたりしないよ」と、元帥にまで出世した上原が豪語したとおり、北砲台の一部が傷ついただけ。要塞の堅牢さもあるが、主に爆撃技術の未発達によるものだったという。

払い下げを受けた波止浜町は、道路改修、海水浴場整備、売店設置、定期船増便など、行楽地としての整備を進めた。また、伊予商運の斎藤為助は、小島へ京阪神からも行楽客を呼びこもうと企て、弾薬庫を利用した宿泊施設を整備し、炊事場、浴場、弓場、テニスコートまで造った。さらに、桜と紅葉の苗木を1000本ずつ植えた。小島は、リゾートの魁だったのだ。

しかし、公園化計画は戦争の激化によって頓挫し、戦後は食糧増産のため開墾されてしまった。

2人の先生から小島の興味深い来し方を教えてもらい、ツバキのトンネルをくぐりながら、発電所跡近くの南部砲台や兵舎、弾薬庫、中部砲台、北部砲台、探照灯台の跡地などをめぐった。

北部砲台地下兵舎跡(右)と発電所跡

中でも印象に残ったのは、島で一番高いところにある司令塔跡。ぐるりと360度を見わたすことができるのだ。世界初の三連吊り橋・来島海峡大橋、大島、今治市街、大三島、波立つ海原、大空、咲き誇る桜。絶景だった。塔自体はすでになく、草原になった山頂で土台部分と地下室があらわになっていた。方位を示す石や伝声管に、守備をしていた人たちの気配を感じてしまう。花崗岩を積みあげたひどく急な階段を下る途中で、桑原さんが言った。

「大島の石職人にここの石垣を見てもらったら、石材は大島石で自分たちの先輩の仕事に違いないと言っていました。そして、こんないい仕事はもうできないだろうと」

そうなのだ。石はほとんど風化しておらず最近切り出してきたようだし、コンクリートの表面もすべすべしているところが多い。触ると、手のひらにしっくりとなじむ。現在のコンクリートが100年後にこんな姿をとどめているとは、とても想像できない。何が違うのだろう。素材？　技術？　熱意？　安易に断定はできないが、この保存状況だけでも顕彰に値するだろう。

北部砲台砲座跡と爆撃演習で崩れた箇所

⑬特設見張所跡（安居島・愛媛県松山市）

旧北条市（現松山市）の沖にポツンと浮かぶ、現在は人口20人足らずの安居島だが、江戸時代後期から明治時代にかけては、潮待ちや風待ちの港として繁栄を極めた。わずか0・26平方キロの島ながら、遊郭もあったほどだった。

島の西端にある港から東へ向かって歩くと、古い旅籠の雰囲気を残した宿（廃業）や連子格子の建物が建ち並ぶ一角があり、遊郭賑やかなりし頃の面影を感じることができる。

そんな海上交通の要衝だった安居島だが、一時本土からわたるのがとても難しかった。定期船が島発着で1日1便しかなく、宿もなかったからだ。現在は、増便される夏の繁忙期以外にも、水曜日と第1土曜日は1日2便運航されるので、日帰りが可能だ。

移住してきた大家族が、3、4年間漁家民宿を営んでいた

元遊廓の入口。この建物に女の子たちがいたらしい

が、家庭の事情で帰郷し宿はまたなくなってしまった。

島の東端の高台に安居島灯台があり、その手前の高台に島へ移住してきて10数年になるというSさんの立派なログハウスが、海に面して建っていた。

Sさんと家の傍らで話をしていると、半ば地面に埋もれ半ば崩れつつあるコンクリート構築物の中から、赤煉瓦がのぞいているのに気づいた。謎の遺構に訝しげな眼差しを送ると、Sさんが教えてくれた。

「ここに旧日本軍の見張所があったんですよ」

貯水タンクだったというコンクリートの上に立つと、大きなログハウスの彼方には忽那諸島全体が一望された。瀬戸内海でも指折りの風景ではないか。庭にある金魚が泳いでいる四角い池は、軍馬の水飲み場だったという。

周辺には特設見張所関連施設が残されているというので、一めぐりしてみた。灯台の脇には、旧指揮所が残り戦後しばらく何者かが住んでいた気配が漂っていた。また、踏み跡をたどって尾根を越えた北側の斜面には、発電所や油脂庫、水槽など発電関連施設も残されていた。今は限界集落と化した島にも、様々な歴史が深く刻まれていた。

聴測照射所跡

⑭特設見張所跡（柱島・山口県岩国市）

米軍基地のある岩国の沖に、柱島《はしらじま》・端島《はしま》・黒島《くろしま》の三島からなる柱島群島がある。その中心の島が、広島・愛媛と県境を接する柱島だ。平安時代から鎌倉時代にかけて、忽那七島《くつなしちとう》水軍の本拠地の一つとして栄えた。

昔から戦に縁があったようで、太平洋戦争中に島の近海は日本連合艦隊の停泊地「柱島泊地」となっていた。そんな場所なので、1943年8月島の最高峰金蔵山の山頂近くに、探照灯や空中聴測装置を備えた特設見張所が完成した。

金蔵山は秀麗な姿から周防小富士の愛称もあり、2016年には「しま山100選」にも選定されている。

特設見張所

金蔵山へは、休校中の柱島小中学校の裏にある登山道をたどること約30分で、山頂近くの分岐点に到達した。

登山口から100メートルごとにあった道標は、左方向を指して「三角点」。右向きの木製の道標には、「山頂方向150メートル、旧海軍見張所跡」とある。もちろん、右側に曲がった。

やがてコンクリート製の大きな貯水槽が現れ、そこの先に赤煉瓦の大きな見張所が建っていた。屋根は抜け落ちて跡形もなかったが、赤煉瓦の壁は健気に立ち尽くしている。外壁はそのまま煉瓦積みだが、内壁は煉瓦の上に薄くコンクリートを塗った造りになっていた。壁の上部に取りついたまま幹を太らせ、細い根で壁を覆っている樹木の逞しさに改めて感嘆しつつ、見張所を矯めつ眇めつ観察した。

先に進むと、コンクリートの基礎の一部が見える山頂に達した。ここにも、見張所の一部の施設があったらしい。残念ながら、周辺は木立で囲まれ、眺望はほとんどなきに等しい。

見晴らしがよいという三角点に移動すると案内板があり、「金蔵山・標高290メートル・別名周防小富士」とあった。眺望が開けた、疑似山頂ということか。左手から、倉橋島、鹿島、横島、遠く連なる中島、怒和島、津和地島、二神島、諸島、情島、周防大島、はるか彼方に由利島も見えていた。そして、Cの字形に点線を描くように連なるのが、謎の爆沈を遂げた戦艦陸奥の犠牲者たちを荼毘に付したという、続島だった。

⑮回天発射訓練基地跡（大津島・山口県周南市）

大津島行きの船は、徳山駅前の港から1日7往復している。新幹線のとまる駅であることを考えると、かなり便利な島と言っていい。

戦前の大津島は、瀬戸内海の多くと同じく半農半漁の島で、海岸線の平地はほとんど天水田だった。そんな大津島に、魚雷発射試験場ができたのは、太平洋戦争開始前の1939年だった。それが、後の非人道的な特攻兵器回天へと繋がっていく。

以下は、回天記念館の入口にある無料休憩所養浩館の館長をしていた高松工《たくみ》さんから聞いた、回天の歴史だ。

魚雷発射試験場ができた2年後、島に海軍工廠が進出してくる。

「九三式三型魚雷と呼ばれた酸素魚雷でした。高速で航続距離が長く、搭載できる炸薬の量は米英の魚雷の2倍以上。そして、

回天発射訓練基地跡

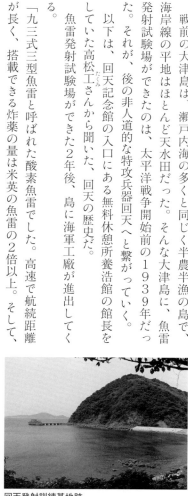

酸素を使って燃焼させる方式だったので、航跡の泡がでることもなかった。世界最優秀の魚雷でした」

軍事施設建造の日当は最低80銭で、島では貴重な現金収入源となった。1938年3月、海底ケーブルが通じて電気が灯り、船便もぐっと便利になって、島の生活が目に見えて向上した。当時の人口は約2000。そこに、ほぼ同人数の部隊が駐屯していた。

戦況が悪化する中、出番が減って山積みにされた世界最優秀の魚雷に目を着けた2人の青年士官がいた。これを大量の炸薬を積んで人間に操縦させ、敵艦に体当たりできないか。敗戦が1年後に迫った1944年8月、人間魚雷回天は正式兵器として採用される。

翌9月には、魚雷発射試験場があった大津島に、回天発射訓練基地が開設された。長さ14・75メートル、直径1メートルあった回天は、発射場横の海面にクレーンで降ろされ、習熟度によって直線往復、島半周、島一周、停泊艦襲撃、航行艦襲撃などの訓練が行われた。

敗戦までに全国から大津島へ集まり訓練を受けた若者は1375人を数えた。搭乗員、整備員など回天に関わる戦没者は、145人。亡くなった時の平均年齢は、21・1歳だった。

隧道出口から見た回天の発射場

⑯豊予要塞砲台跡（高島・大分県大分市）

豊予《ほうよ》海峡で一本釣りし佐賀関《さがのせき》に水揚げ活〆にしたサバを、関サバと呼ぶ。ブランド海産物の魁と言っていい。その佐賀関の沖に、高島という無人島がある。

1872年以降12世帯が住んでいたが、1920年になって砲台が設置された。また、1947年には戦災孤児などの保護施設「高島海洋少年共和国」が造られたが、1953年に解散し、無人島に戻った。

8月下旬のある日、乗り合いの渡し船で佐賀関から高島へ渡った。渡船が接岸した桟橋の上に、バンガロー村があった。砲台跡までは、その裏の遊歩道を登るらしい。軍事施設のため整備された道を、遊歩道に利用したのだろう。しっかりと造られ蛇行する道は、傾斜も緩やかで幅も広かった。

平らで広々とした場所に出ると、藪の手前に道標があった。右へ行くと、練兵場跡。左は、トンネル・弾薬庫跡とある。左へ折れると、右手に大きな窪地が現れた。水が溜まり小さな池のよう。案内板に「砲台跡・高島第2砲台・七年式30糎榴弾砲」と書かれている。窪地は、砲台跡だった。

隣に、土に覆われ小山になったコンクリートの建造物が眠っていた。兵隊たちが詰めていた場所か。ガランとした部屋の内壁は、不思議なほど朽ちておらず、人が住んでいてもおかしくないほどスッキリとしていた。

もう一つ砲台跡の池があり、その先は赤煉瓦とコンクリートで築かれたトンネルだった。

単なる通路ではなく、手前右手の側壁に吸い込まれそうな闇をたたえた大きな口が穿たれていた。大小2つ並んだ闇への入口には、「弾薬庫跡・門衛詰所」という案内板があり、間口3メートル、奥行3・1メートルと書かれている。

さらに進むと、また弾薬庫跡の表示。今度は、間口6・61メートル、奥行10・84メートル。同じく8メートル、11・1メートルという弾薬庫跡もあった。

大正時代に造られたのに、煉瓦もコンクリートもしっかりとしている。さらに数十年は現役で使えそうな堅牢さだ。

練兵場跡を見つけきれず戻ってくると、小さな黒い影が自在に飛び交っている。コウモリだった。

案内板

弾薬庫跡守衛詰所

⑰壱岐要塞小呂島砲台跡（小呂島・福岡県福岡市西区）

玄界灘にぽつんと浮かぶ絶海の孤島小呂島《おろのしま》の住所を聞くと、驚く人が多い。福岡市西区なのだ。十数年前まで、小呂島は部外者にとって渡島が難しい島だった。定期便は島発着で、宿もない。夜釣りを楽しむ釣り人たちは、釣り糸を垂らして一晩過ごすからいいが、ふつうの旅人は居場所がなかった。今では、火木土日の週4日は定期船が1日2往復してくれるので、島に3時間ばかり滞在して帰ってくることができるようになった。

壱岐要塞に所属し1937年に完成した砲台の跡は、港と集落がある南部とちょうど反対側の北端にあるので、あまりのんびりしていると帰りの船に乗り遅れかねないから、注意した方がいい。

見るからに平地の少ない島で、小中学校は集落から1キロほど離れた北部の標高数10メートルの山腹に拓かれた場所に建っている。かつて、陸軍が兵舎を建てた場所で、戦前は島人の立入は厳禁だったという。砲台跡や関連施設は、学校北側の山に点在していた。

学校手前に右へ入る小径があり、砲台跡に関する案内が掲示されている。この奥に、陸軍45式15センチカノン砲固定式があったという。砲台跡だけではなく、まず第2弾薬庫跡、その先高岳山頂付近には旧海軍望楼跡、さらに防空壕跡が２ケ所、お堂の先には砲台跡が４ケ所も残っているらしい。

弾薬庫跡を探索してから、高岳へ向かう枝道を登った。途中滑りそうな場所はあったが、高岳への道もはっきりしていた。ほぼ山頂と思われる場所に、昔の山小屋風の小屋が建っていた。ヒュッテなどという看板がでていても、違和感がないたたずまい。半地下式なのが、山小屋と異なる点だろう。海軍望楼跡だった。

1階には粗朶のようなものがいっぱい置いてある。２階は物置にはなっておらず、開けた空間。煙突というか明かり取りというか、四角い筒上の空間から光が漏れている。２階からは展望が開けるかと期待していたのだが、遠くは全く見えなかった。建設当時は見えたはずだが、その後草木が茂って視界を遮ったのだろう。

遊歩道へ戻って先を急ぐと、左下に防空壕らしき穴があった。そこを通り過ぎて間もなく現れた小さなお堂の向こうに、小道が続いていた。藪を抜けると、きれいなコンクリート製の階段があった。その上は、弾薬庫らしき施設。小道を進んでいくと低い石垣が現れ、その先に砲台跡が眠っていた。模範的な砲台跡だった。

海軍望楼2階の内部

⑱対馬要塞海栗島砲台監視所跡（海栗島・長崎県対馬市）

２０１７年４月、有人国境離島法が施行され、29地域１４８島が有人国境離島地域に指定された。その中でも、直接外国の領土を望むことができる場所といえば、対馬をおいて他にないだろう。防人の時代から変わらず、対馬は国境の島なのだ。

対馬の最北端鰐浦から韓国まで、わずか50キロ足らず。集落の上には韓国展望所があり、大気が澄んだ日は韓国釜山の街が望まれる。時には、建物や動く車が見える時もあるという。水平線から足元に目を転じると、すぐ前に細長い島が横たわっている。対馬最北の有人島、海栗島だ。ただし、一般人は住んでいない。何棟か見える建物は、航空自衛隊の海栗島分屯基地のものだ。

国境の最前線の島は、近代国家になってからずっと軍と深い関わりをもってきた。１９０３年旧陸軍の無線基地が造られ、１９３５年には砲台ができた。戦後は一時民間に払い下げられ農地となったが、１９４７年に連合国軍のレーダー基地ができ、１９５９年航空自衛隊に移管された。

全島が自衛隊の基地なので一般人は立入禁止だが、年に１日だけ上陸できる日がある。鰐浦名物のヒトツバタゴ（別名なんじゃもんじゃの木）の真っ白な花が周辺の山を埋めつくす5月の連休に、「ひとつばたご祭り」が開催される。その時に催行される「遊覧航海・海栗島基地見学ツアー」に参加すれば、海栗島に上陸し基地内を見学できる。

最初に自衛隊員の案内で、防人魂が感じられる「辺要の精鋭」と刻まれた石碑を見学。

そのまま港正面の一番大きな建物の屋上へ。北側には、主に若い隊員たちが寝泊まりしているという隊舎がある。鰐浦に面した南側はすばらしい眺めだった。小島や岬に囲まれているので、まるで巨大な池のよう。

屋上から降りて周辺を少し散策した。小さな丘の脇を通ると、草木に覆われ半ば埋もれるようなコンクリートの構築物があった。地面すれすれに窓があった。案内の隊員によれば、戦争中の監視所だという。自由に歩き回れないので、目にすることができた戦争遺産は、1ヶ所だけだった。

旧日本軍の監視所跡

⑲壱岐要塞黒崎砲台跡（壱岐島・長崎県壱岐市）

九州と朝鮮半島の間に浮かぶ壱岐と対馬は、国境の島としていつの時代においても緊張を強いられてきた。実際、元寇のように他国の軍勢に蹂躙されたこともある。

国際情勢が緊張を増す中、明治時代に対馬要塞が造られ、1924年になって壱岐要塞の工事がはじまる。まず、最初に着工したのは的山大島砲台だった。

続いて1928年、壱岐要塞の主要施設の一つとして、黒崎砲台に着工し、5年の歳月をかけ1933年に完成した。砲台に設置されたのは、口径41センチのカノン砲2門。砲身の長さは18・83メートル、砲弾の重さは1トン、最大射程距離は35キロとされ、東洋一といわれた。

設置された砲台は、最新鋭の戦艦として建造中だった土佐のもの。第一次世界大戦後のワシントン軍縮会議で、米・英・日の主力艦の

東洋一を誇った黒崎砲台跡

所有率を「5：5：3」とすることが決定。それに基づいて、廃棄することになった戦艦の主砲を密かに流用したという。

地下7階建ての構造になっていて、地下室入口・空気取入口・弾薬室・動力室などがあり、その上に土佐の主砲が乗っていた。1度試射が行われただけで、戦後解体されてしまい、現在残っているのはクレーターを想わせる超巨大な穴ばかり。

地下室入口から素掘りのトンネルを抜けて巨大穴の底まで行くと、まさに秘密基地の気配が漂う。また、上からのぞき込むこともできる。

どれだけの人手と時間、費用を使って造ったのか。

そして、国民や国にどれだけの貢献をしたのかを考えると、虚しくなる。

すぐ近くには、壱岐でも人気の観光スポットで、標高45メートルの巨大な猿の姿をした猿岩がある。

砲台があった当時は、一般人は立入禁止だったので、猿岩も戦後砲台周辺に立ち入ることができるようになって、日の目を見たという。

黒崎砲台跡の底の部分

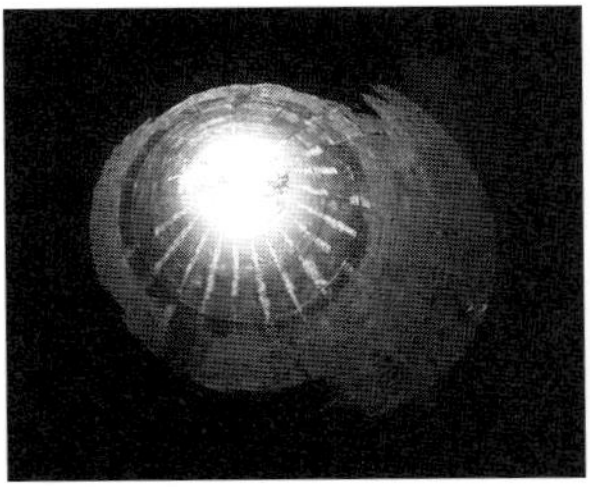
黒崎砲台の空気取入口の下から天を仰ぐ

⑳下関要塞大島砲台跡（宗像大島・福岡県宗像市）

２０１７年７月、「神宿る島」宗像・沖ノ島と関連遺産群が世界遺産に登録され、大島にある中津宮と沖津宮遙拝所も構成資産となり、一躍全国的な注目を集めることとなった。沖ノ島から発掘されたおびただしい出土品は、古代から日本と大陸の交流があったことを示す貴重な証拠とされている。

この事実からも分かるように、朝鮮半島や大陸に近い大島は国境の島であり、１９３６年11月下関要塞に属する大島砲台が造られ、15センチカノン砲４門が配備された。

現在、砲台周辺は宗像市営牧場となっており、のんびりと草を食べる黒牛の姿を目にすることもある。近くに風車展望所もある見晴らしのいい場所で、時間に

宗像大島砲台跡

余裕があれば雄大な風景を楽しみながら散策するといい。

見通しがいいので、当時の砲台全体のようすを把握しやすい。また、関連施設として電燈所の照明座と掩燈所や発電所・観測所・弾薬庫・塹壕跡などが残され、かつての面影を偲ばせてくれる。

定期船が着く港と反対側の北に面した小高い場所にあるため、歩いて行くにはやや不便な場所だったが、2017年4月から大島観光バス「グランシマール」の運航がはじまり、アクセスが飛躍的に便利になった。大島ターミナルを出発して、大島交流館、沖津宮遙拝所（世界遺産構成資産）、御嶽山入口を経て、砲台跡まで14分。帰路は同じ経路をめぐり、物産直売所まで戻ってくる。

2016年、「しま山100選」に選ばれた御嶽山の山頂には露天祭祀遺跡があり、これも世界遺産構成資産となっている。

宗像大島砲台跡

第二章 産業・文化遺産

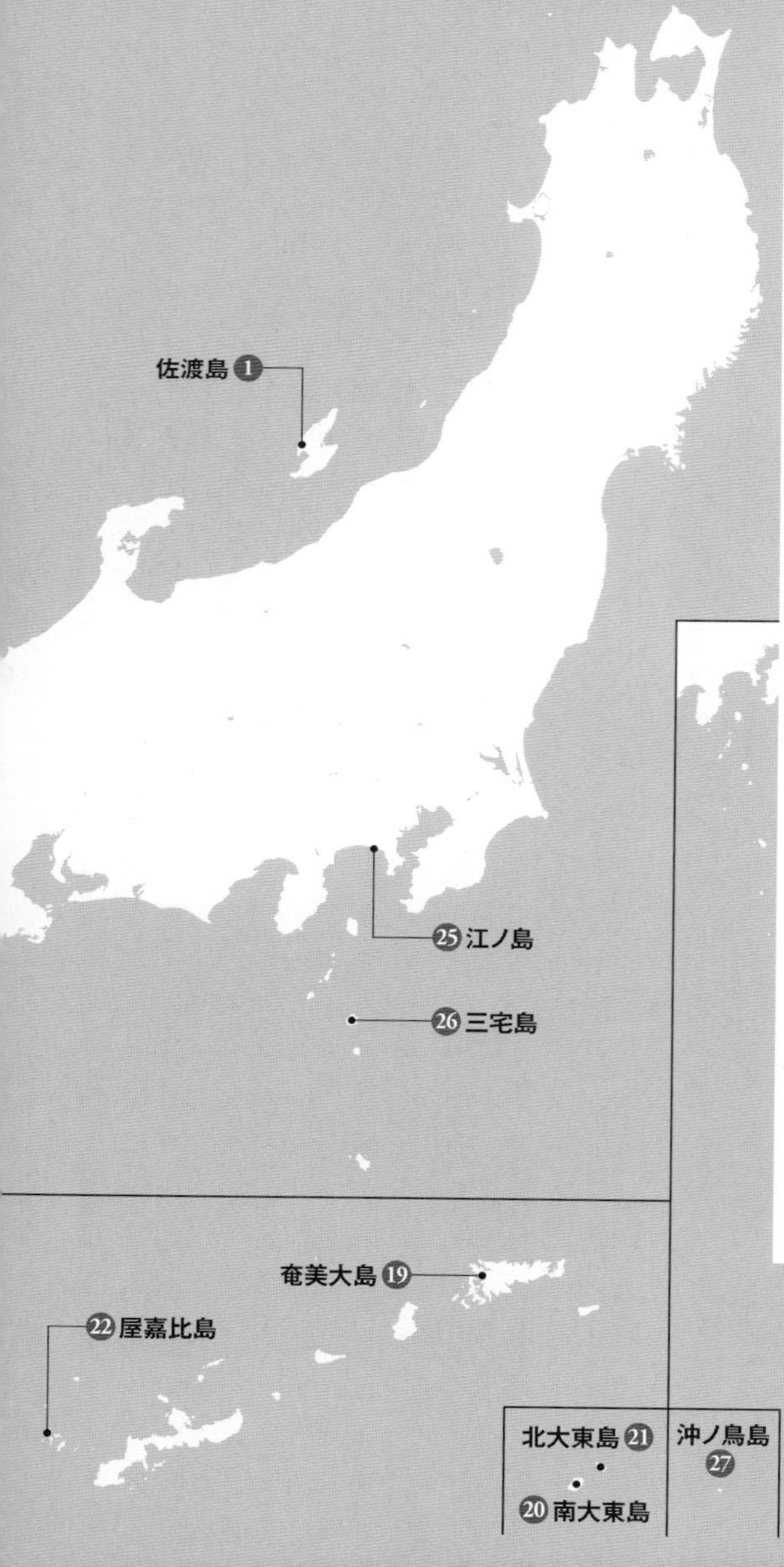

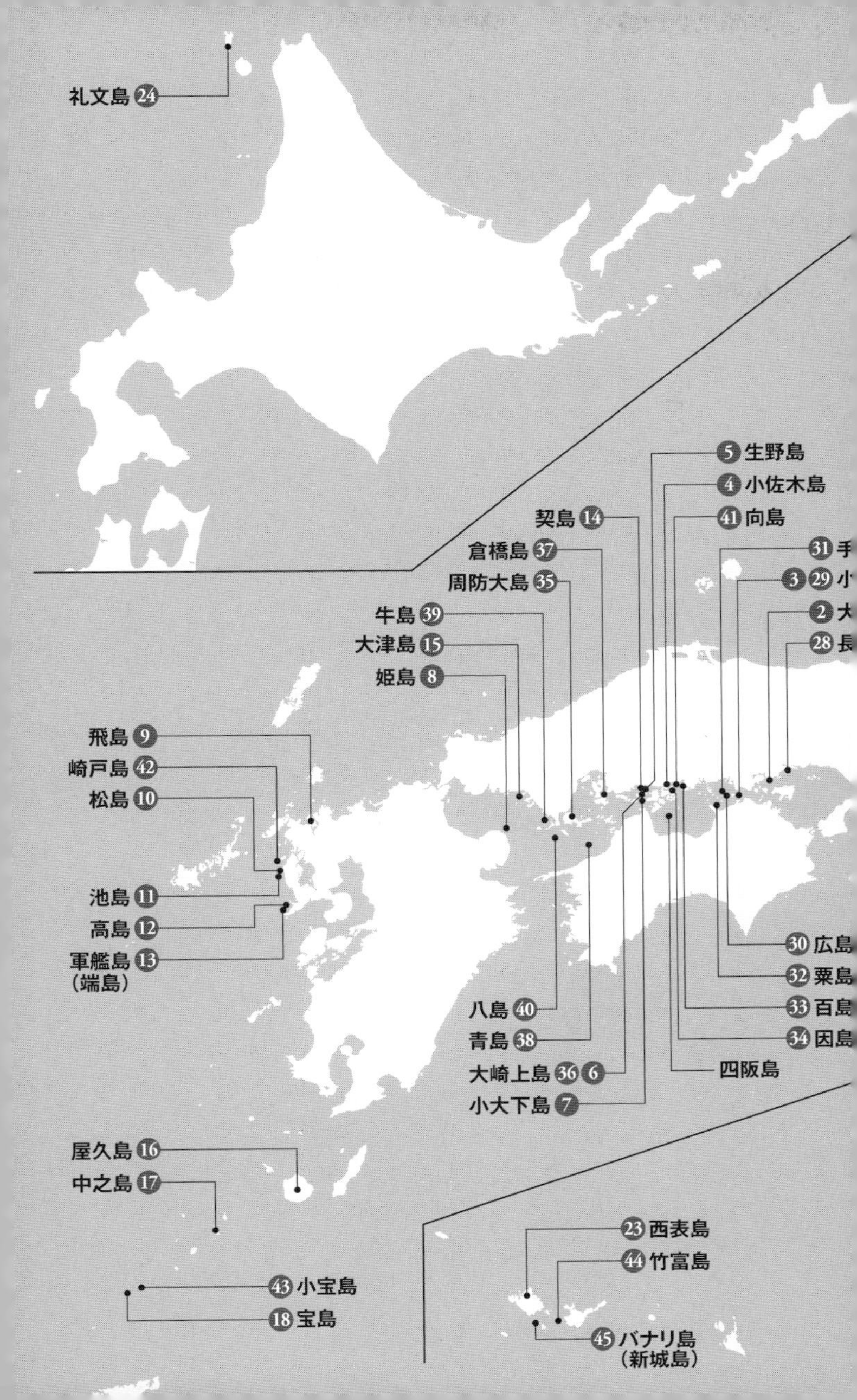

礼文島 24
5 生野島
4 小佐木島
契島 14
41 向島
倉橋島 37
31 手
周防大島 35
3 29 小
牛島 39
2 大
大津島 15
28 長
姫島 8
飛島 9
崎戸島 42
松島 10
池島 11
高島 12
軍艦島 13
（端島）
30 広島
32 粟島
八島 40
33 百島
青島 38
34 因島
大崎上島 36 6
四阪島
小大下島 7
屋久島 16
中之島 17
23 西表島
44 竹富島
43 小宝島
18 宝島
45 バナリ島
（新城島）

①佐渡金山（佐渡島・新潟県佐渡市）

佐渡金山（相川の金山を中心とした遺産）を最後に歩いてから15年も経っていたので、今回（２０１８年）改めてじっくりと探索し、その変貌ぶりに驚かされた。他の産業遺産や重要伝統的建造物群保存地区も、変化しないわけではない。本来の機能を果たさなくなった遺産も生きていて、価値がより高まるよう変わっていくことも多い。

例えば、犬島（↓Ｐ１２８）の精錬所跡のような単体の産業遺産であれば、一度整備されてしまうと、それほど変容できなくなってしまう。しかし、面としての広がりを持ち、多くの要素を併せ持った産業遺産や重伝建地区は、訪ねる度に異なる表情を見せてくれ、それが魅力となっているところもある。

15年ぶりの佐渡金山も、まさに大きな変身を遂げていた。山中の宗太夫坑周辺に限定され、いわば点だった金山が、海辺まで大きな広がりを見せるようになっていたのだ。

それにしても、これだけ豊かな構成資産を擁している佐

渡金銀山（佐渡全体の金山銀山、関連遺産を含んだもの）が、なぜ世界遺産に登録されないのだろう。学術的に引っかかる点もあるのかもしれないが、人類の遺産という観点からすれば、どう見ても遺さざるを得ない資産群だという想いを強くした。

改めて個々の遺産について触れる前に、佐渡金山の歴史をひも解いておこう。

1601年、相川から山ひとつ隔てた鶴子銀山の山師たちが、道遊で金鉱脈の露頭（佐渡金山）を発見した。1603年、大久保長安が佐渡奉行となり、相川を首府とする。当時すでに、坑口が300、人口は5～10万人（現在、佐渡島の人口は6万弱）を数えたという。

北沢火力発電所

北沢浮遊選鉱場

旧北沢青化・浮選鉱所

北沢に残る50メートルシックナー（沈殿池）

１６０５年、水銀製錬法導入。１６２２年、佐渡で小判鋳貨を開始。１６２８年には最初の排水坑道大掛樋が貫通。１６３８年、水金沢の排水坑道完成。１６５３年、排水のためアルキメデスの揚水器と同じ原理の水上輪を設置。この数十年が江戸時代の最盛期だった。その後は坑内の湧水に悩まされ、増減を繰り返しながらも徐々に生産量は減少していく。

１６９６年に、南沢疎水道完成。１７７８年、初めて江戸無宿人60名を水替人足として使役。１７８２年、フランカスホイというオランダ製排水ポンプを導入。

１８７０年、幕府の手から新政府の工部省へ移管。本邦初の火薬による発破採掘を開始。１８７５年、ドイツ人アドルフ・レーの指導で、日本初の洋式竪坑である大立竪坑開削を開始する。１８８３年、我が国初の削岩機導入。１８８９年、宮内省御料局に移管。スチームポンプによる排水開始。１８９０年には、鉱山学校を設置し人材育成に当たる。１８９２年、鉱山を有料で一般公開し、従業員の福利厚生費に当てる。１８９６年、三菱合資会社に払い下げ。１９４０年、東洋一の浮遊選鉱場を建設。月間５万トンの鉱石を処理し、金山史上最大の年間産金量１５３７キロを記録した。１９４３年、戦時中の金山整備により採掘中止。１９５２年、品位低下のため珪酸鉱の生産に切り替え、１９６２年から宗太夫坑を入場料10円で観光客に公開。１９７０

明治初期の北沢付近

年ゴールデン佐渡が設立され、我が国で初めての観光坑道を公開。１９８９年3月、休山。生涯産金量は、78トン。江戸時代は、３００年弱で41トン。それに対して、戦前戦中の20年でほぼ生産が終わっている昭和時代は、22トンも生産している。

佐渡金山を管理運営するゴールデン佐渡の名畑翔さんと佐渡市相川支所で落ち合い、まず向かったのは佐渡金山の中を貫いて流れる濁川の河口に近い大間港だった。前回も最後に訪れたが、資材置き場のような場所に点在する廃墟という印象が残っただけ。それが、港の船溜まりを中心に整備され、遺産に関する案内板も設置された公園になっていた。

江戸時代の大間港は、米や大豆、雑穀、木綿などを扱う港だったが、明治時代に入ると鉱石の積み出しや石炭など鉱山に必要な物資の陸揚げに使われるようになった。１８８７年、佐渡鉱山局事務長の大島高任が、整備拡張工事に着手。厳しい季節風や激浪に悩まされる難工事だったが、土間などを固める日本の伝統的な三和土を進化させた、たたき工法（人造石工法）の創始者・服部長七の協力を得て、１８９２年に完成。

船溜まりの上を横切る狭軌のレールと鉄橋（トラス橋）、トーチ

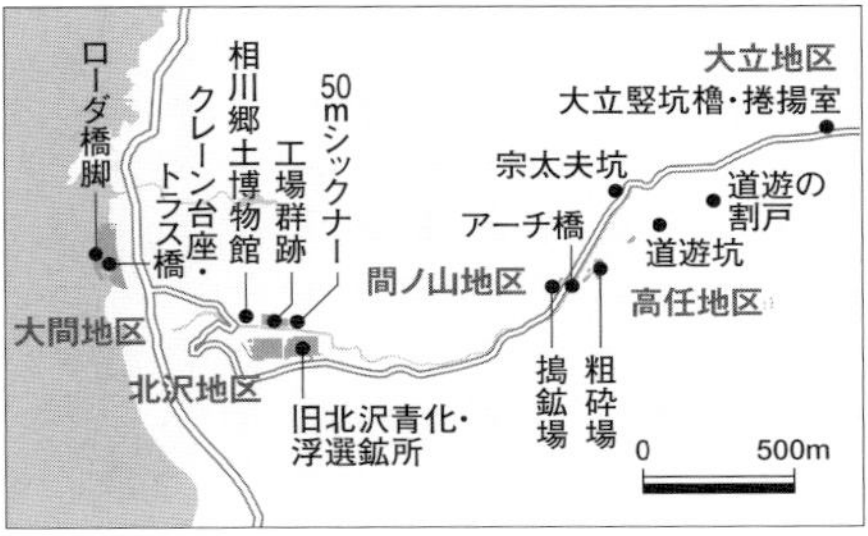

カのような構築物（クレーン台座）、陸地から海にかけてコンクリートの柱（ローダー橋）も連なり、港のすぐ脇には朽ちたコンクリートの基礎（火力発電所跡）、遠くには赤煉瓦の倉庫も見える。個性的な役者がそろった産業遺産になっていた。

レールが残るトラス橋は、鉱石積み込みのため1945年頃に架けられた。鉱石を積んで橋の上までやってきたトロッコは、橋に仕掛けられたホッパー施設で下に待機している小船に鉱石を落として積み込む。

トーチカのような建物は、その上にクレーンをのせて使用していた台座で、石積みとコンクリートからなる2基の石積み部分は1914年に、コンクリートの上半分と海側のすべてコンクリートの1基は1935年頃に造られた。

橋脚だけが点々と残るローダー橋にはレールが敷設され、鉱石や石炭などを運ぶトロッコや走行

大間港

トラス橋とクレーン台座(左)

15年前の大間港

式のクレーンが往来していた。1938年頃に南北2本の橋が設置されたが、現在は北の橋脚3基だけが残っている。

佐渡金山の大増産策による電力不足を補うために造られた大間火力発電所は、1939年に送電を開始。1952年の佐渡金山大縮小により、発電を停止。発電機はフィリピンのトレド銅山に転用され、役目を終えた。

佐渡金山だけでも、江戸時代から平成にかけて長い歴史をたどることができると言われている。前回は、通りすがりに確認しただけだったが、残されたものの謂れを知ると、大間港だけでも多くの物語が眠っていた。

「鉱石が運ばれてくる方へ遡るようになりますが、次は北沢地区へ行きましょう」

そう言って、名畑さんは大間港から500メートルほど離れた濁川沿いへ向かった。

江戸時代は買石と呼ばれた製錬業者が多かった北沢地区は、明治になると選鉱や製錬の拠点として大規模な開発が行われた。1885年

大間火力発電所跡

相川郷土博物館。旧宮内省御料局佐渡支庁

以降、大島高任《おおしまたかとう》が大規模な施設拡張に着手し、明治20年代には選鉱・製錬施設、機械製作場や鍛冶場なども設けられた。いち早く近代化に成功した佐渡金山は国内の模範鉱山となり、生産量と技術ともに日本の貴金属鉱山をリードする存在となる。

相川郷土博物館（旧宮内省御料局佐渡支庁）の前を通過すると、芝生の広場になっていた。彼方には、古代のギリシャ神殿を思わせる円柱に支えられた50メートルシックナー（沈殿池）がたたずんでいる。右手を流れる濁川の対岸には、城塞を思わせるコンクリートの構築物が連なっていた。左が青化製錬所で、右側が浮遊選鉱場。右手には、赤煉瓦の火力発電所とインクラインもあった。

15年前、同じ場所に立った時の印象は、以下ようだった。

――相川郷土博物館のある北沢にも、いろいろな遺構があった。煉瓦建ての旧発電所が残り、その奥には

北沢地区にあったゴルフの裡っ放し。奥にシックナーが。2003年1月撮影

階段場のコンクリートの構築物が、斜面に積み重なるように残されていた。明治時代は製錬所として、その後は選鉱場などとして使われた場所で、1952年に廃止されたという。

——前の空き地は、打ちっ放しのゴルフ練習場だった。枯れ草色の芝生に立ち左手を眺めると、地面からわずかに浮いて巨大な皿があった。かつてのシックナーだ。遺構は、時の狭間にひっそりと埋もれるようにあったが、それぞれを整備すれば充分観光資源になるのではないか。

最初に訪れた時はゴルフ練習場や藪の茂る荒地だったが、今や公園に変身した広場には、いくつもの案内板が立っていた。昭和10年代大増産の国策の下、現在の広場には木工工場、製缶工場、鍛造工場、木型工場、鋳造工場、仕上工場などが続々と建てられ、工作工場群を形成した。50メートルシックナーと浮遊選鉱場ができたのも同時期だ。

シックナー。2003年1月撮影

しかし、1952年の大縮小で操業が中止になると、大半の施設は徐々に撤去されていき、現在残っているのはトロッコ軌道のレールや鋳物工場のキューポラ（溶解炉）とごくわずかなコンクリートの壁だけ。2008年に行われた発掘調査では、工作工場群の基礎部分が残っていることが確認されたという。

「15年前だと、シックナーは藪に覆われてよく見えなかったでしょう」

と、名畑さん。

「こんなにスッキリ見えていなかったと思います」

「浮遊選鉱場の前の広場にも、シックナーが二つ埋まっているんですよ」

濁川の対岸を眺めながら、名畑さんが教えてくれた。往時の写真を見ると、浮遊選鉱場の前に巨大なシックナーが2基、写っている。地上にそびえるシックナーの方へ歩いていくと、芝生の中に「製材及雑作業場」と書かれたプレートが埋め込んであった。機械部品の原型となる木型用材を製材していた場所だ。

間ノ山《まのやま》搗鉱場から排出された金銀を含んだ泥水を樋で引き、目の前にあるシックナーで沈殿させていた。脱水した泥は対岸の浮遊選鉱場で処理され、シックナーの上澄みは水量の少ない川しかない相川で、貴重な工業用水として活用された。

北沢浮遊選鉱場

濁川に架かった橋を渡り、対岸を探索した。右手奥の斜面には、大きな橋脚を持った橋のような構築物があった。急傾斜で物資を運搬する軌道をもったインクラインだ。赤煉瓦の建物は、１９０８年に造られた火力発電所の発電機室で、各工場の動力源であった蒸気機関を電化するために建設された。内部に明治から昭和にかけての古写真を展示していたが、建物の老朽化に伴い最近立入禁止になったという。

シックナーが２基埋もれている浮遊選鉱場前の広場にじっとたたずんでいると、古代文明の遺跡にやってきたような感慨に襲われる。一時は繁栄を極め、いつか消えていったという意味では、同じなのかもしれない。

１９３８年に操業を開始した浮遊選鉱場は、一般的には銅鉱に適した浮遊選鉱法を、金銀鉱石に用いた世界でも稀な施設だった。一方、青酸カリを活用した青化製錬所は、国内の先駆けとなる１９１３年、すべての鉱石を処理できる全泥青化法を採用して操業を開始した。しかし、１９４３年国策で金銀から銅の生産に比重が移ると、青化製錬は中止となる。残された浮遊選鉱場も、１９５２年の大縮小によって稼働をやめ、設備は他の鉱山に転用された。

北沢のインクライン跡

北沢火力発電所

青化製錬所も浮遊選鉱場も、特に立入禁止のロープなどはない。だから、コンクリートや石垣などに触れることもできる。ただし、老朽化が進んでいるので、中に立ち入るのは控えた方が無難だろう。

間ノ山《まのやま》・高任地区へ向かう途中、佐渡市立相川病院（旧鉱山病院）の脇から北沢地区を一望し、改めて規模の広大さに圧倒された。相川病院の向かい側には、平成になってから再建された佐渡奉行所もあった。

間ノ山地区へ向かう途中、右側にトロッコ軌道の道床跡が続いていた。トンネルやかわいらしい鉄橋が残っている個所もある。道床跡が途切れた先に、とても広い駐車場が現れた。上手に、妙に背の高く細長い建物がそそり立っている。貯鉱舎だ。

道を挟んだ反対側の一段高くなった場所には、周囲を睥睨するようコンクリートの巨大な構築物がそびえている。間ノ山搗鉱場《とうこうじょう》だった。搗鉱場とは、鉄の碓と杵で鉱石を搗いて粉砕し、水銀で金をアマルガムにして回収する工場のこと。

最初の搗鉱場は、１８９９年御料局佐渡支庁長渡辺渡が造った。何

相川病院付近から見た北沢浮遊選鉱場

貯鉱舎に続くベルトコンベアヤード

度か改修を重ねた搗鉱場は1924年火災によって焼失したが、同年すぐに再建された。国策により縮小される1943年まで稼働していた。

車道まで下りてくると、道沿いに流れている濁川に石造のアーチ橋が2本架かっているのが見えた。下流の方が1904年に架けられた下橋で、大間港の護岸などと同じたたき工法で造られている。上橋の方は、昭和期の建造らしい。上橋は現在も現役で、ダンプカーが通行できるほどだという。

貯鉱舎は、上手にある粗砕場や粗砕場と貯鉱舎をつなぐベルトコンベアヤードと同じ大増産期の1938年に造られた。粗砕場の完成によって鉱石の処理法が単純化されることになり、一部の高品位の上鉱を除き、鉱石の破砕はすべてこの粗砕場で行われるようになる。

高さ20メートルの急斜面に沿って建てられた、7層式の粗砕場の最上段でカーダンパー（回転落下装置）を使って落とされた鉱石は、グリズリー（篩格子）で大きな塊を取り除き、さらに篩い分けられた。篩を通った鉱石は搗鉱場へ運ばれ、通らなかった鉱石はクラッシャー（砕石機）で砕かれ、ベルトコンベアで貯鉱舎へ運び込まれた。内部には500トン貯えられる鉱倉が5区画設けられ、全体で2500トン貯鉱することができた。一時的に貯蔵された鉱石は、順次下から抜き取られてトロッコに積まれ、北沢へ運ばれた。

粗砕場の最上階に残されたカーダンパーの残骸

また、粗砕場の脇にある分析所は、戦後の大縮小により北沢から移設されたもの。ここでは、主に坑内で採取された鉱脈試料や粗砕場のサンプラーで採取された試料の分析がおこなわれた。

一度、佐渡金山の前を通過して、大切山坑と無名異坑をのぞく。１６４７年完成の大切山坑は、現存する最も古い坑道の一つで、地表から鉱脈までの距離が長いため、本坑に並走する通気用の小さな坑道を開削してある。また、奉行などが馬に乗ったまま坑道に入れるよう、入口付近の天井が高くなっているのも特徴だ。無名異坑は、佐渡特産の無名異焼きの原料となる無名異（酸化鉄を大量に含んだ粘土）の採掘がおこなわれていた場所。

ガイド付山師ツアー暗闇廃坑探検コースに参加すると、山師気分で両坑とも探索することができる。坑内に照明は設置されておらず、ヘルメット、ライト、長靴、軍手で装備して入坑する。催行は、４月から11月まで。

さらに車道を登っていくと、「佐渡金山大立竪坑」という看板のかかった大立竪坑櫓が見えてきた。15年前に訪れた時も、櫓の前まで来たのだが中に入ることはできず、以下のような説明を受けただけだっ

無名異坑

間ノ山搗鉱場

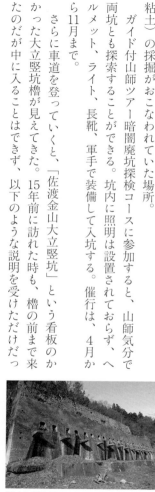

た。

「錆が浮いてしまって、見てもらえるような状態ではないですが。あの扉の奥に捲揚機が入っています。途中で補修はしていますが、明治10年に完成してから平成元年休山になるまで、この竪坑はずっと使われてきました」

江戸時代、鉱石の搬出は人力に頼っていたが、明治時代になりその方法を全面的に改善するため、ドイツ人技術者アドルフ・レーの指導で掘られたのが、金属鉱山では国内初の竪坑（垂直坑道）だった。1877年、深さ152メートルに達して完成。鉱石や岩石を坑道から捲揚げる動力は、最初馬が使われたが、完成後は蒸気機関が導入され、1915年には電動式になった。

竪坑は後に下へ延長され、1928年には深さ352メートルの6番坑に達した。また、大増産期には設備の大型化に伴い坑外にあった設備を岩盤内へ移す開削工事も行われ、櫓も現在の大型になり立坑も拡幅された。当初、岩盤内には2台の捲揚機が設置されたが、戦後の縮小後は捲揚機とコンプレッサー（空気圧縮機）各1台が置かれるようになった。1918年に導入されたコンプレッサーは米国製で、大

岩窟の中に残る大立竪坑の捲揚機

アーチ橋下橋（手前）、平尾変電所、ベルトコンベアヤード、粗砕場（奥）

型空気圧縮機としては国内最古の一つとなっている。

その大立竪坑櫓の内部も、今は見学できるようになっていた。大立竪坑の脇にある小径を登っていくと、佐渡金山大立竪坑という看板の上、櫓の下に坑口が開いていた。入口のアーチを支えるキーストーンには「大立捲揚室」という文字が浮き彫りされ、壁には登録有形文化財と近代化産業遺産のプレートが掲げられている。

坑内に入ると、ワイヤーがぐるぐると捲かれた捲揚機が、薄暗がりの中にじっと蹲っていた。その奥にはコンプレッサーも眠っていて、「ＮＥＷ　ＹＯＲＫ」の文字も読み取ることができた。

大立竪坑の後は、いよいよ佐渡金山の中核ともいうべき道遊坑と宗太夫坑へ。狭い範囲で言えば、観光的な佐渡金山はこの２つということになる。宗太夫坑は江戸初期に開発され、全盛期を知る代表的な大型坑道で、１９７０年に国内鉱山観光の先駆けとして公開された。一方、道遊坑は以前訪れた時はまだ公開されていなかった坑道で、明治時代から平成元年の操業休止に至る約１００年間にわたって使われた。それぞれ、近世と近代を代表する坑道といえるだろう。

大立竪坑の入口付近。馬に乗ったまま奉行が入れるよう天井が高い

宗太夫坑のトンネルを下って行くと、いくつもの旧坑道を繋いだ回遊路になっていた。旧坑道は、鉱脈に導かれ自由奔放に掘られているので、まさに大地は蟲喰い状態。佐渡金山すべての坑道の総延長は、400キロに達するという。旧坑道ごとにテーマを決め、コンピューター制御の人形を設置して、当時の坑内作業の様子を分かりやすく再現してある。テーマは、水上輪（排水ポンプ）の導入と樋引き人足※、山留普請、穿子たちの出入り改め、排水・通気・照明、金穿大工の生活、水替人足※と無宿人、探鉱坑道、採掘作業、測量法と間切改め、山の神の心を和らげる神事「やわらぎ」など。解説をていねいに読みながら一巡し、最後に待っている展示資料館をじっくりと見学すれば、たちまち金山の通になれそうな充実した内容だった。

一方、人形などによる演出はなく、遺産をそのまま見せてくれるのが、道遊坑コースの特徴だ。宗太夫坑が入門コースとしたら、道遊坑は中級コース。上級コースは、先に触れた山師付ガイドツアーということになるだろう。

入口から道遊坑の奥へと進んでいく途中、道々に金銀鉱脈のでき方からはじまって、様々な説明書きが点々と現れる。鉱山の運営体制や採掘方法の変遷も一目で分かる。名畑さんから、佐渡金山は常に日本の鉱山界をリードする存在だった

※当時の呼称。現代では「作業員」のことを指す

貯鉱舎

と聞いていたが、佐渡金山の近代化という説明書きに、いかに先駆的であったか記されていた。

坑道をしばらく進むと、突き当たった先の空間が酒類熟成所となっており、三つの蔵元の焼酎や酒が貯蔵されていた。煙穴と呼ばれた通気口を見学し、また突き当たると割戸直下採掘跡だった。1899年割戸の地下に眠る道遊脈を確認し、1903年には大立竪坑とつながり、道遊坑と呼ばれるようになった。坑道の壁面は、コンクリートで固められた部分が多い。途中に2トン蓄電池式機関車などが展示された道遊坑を出てから、金鉱石がご神体だという高任神社に参った。さらに、もう少し登って人力で掘り窪められた佐渡金山の象徴ともいうべき道遊の割戸を間近に拝み、道遊坑の出口付近にある機械工場まで戻った。

建屋の外には、鉱石を運んだトロッコの他に人を乗せた人車や資材を運ぶ台車、ローダー（鉱石積み込み機）などが展示されていた。機械工場には、大増産時代に造られ休山まで使われていた工作機械類が多数展示され、在りし日の気配を感じさせてくれる。大縮小前の1950年に制作された活気あふれる佐渡金山を紹介した6分ほどのニュース映画は、誰もが見せていた明るい未来を信じているような表情が印象的だった。

機械工場から出るとすぐ前に、高任竪坑の櫓がそびえている。この辺はかつて佐渡金山の中心だった高任地区で、1934年地下

鉱石を積んだトロッコが屋外展示されていた

659メートルに達した佐渡で一番深い高任立坑や1890年に稼働した日本初の機械選鉱場の高任選鉱場があった場所。現在残る高任竪坑櫓は、大縮小後に小型化された櫓だ。

櫓の前に口を開いた高任坑を抜け濁川の上の高台にでた。トロッコのレールに沿って歩いていくと、軌道の上に石を積んだ本物のトロッコが展示されていた。レールが吸い込まれる先は、先ほどすぐそばで仰ぎ見た粗砕場の最上階だった。内部まで伸びているレールの上には、鉱石を落下させるために使ったカーダンパーの残骸らしきものが2基残されている。粗砕場の手前から見下ろすと、さきほど散策した間ノ山搗鉱場や貯鉱舎、ベルトコンベアヤード、中尾変電所、アーチ橋などが望まれた。芝生に覆われた高任公園を散策して、再び高任竪坑櫓の前から高任坑に入り、途中で右折すると出口だった。

半日かけ、佐渡金山の関連遺産はほぼ制覇したことになる。15年前に訪ねた時に比べ、格段に整備が進んだ佐渡金山の奥深さと多様さに、改めて感心してしまった。しかし、満足はできなかった。半日では、全部を駆け足でめぐるのが精いっぱい。相川の街で鉱山の面影なども探ってみたいし、気に入った場所でしばらくぼんやりともの想いにも耽りたい。佐渡金山を心行くまで味わうには、2日間は必要だろう。

人を運んでいた人車

②銅製錬所跡、採石場跡（犬島・岡山県岡山市）

岡山市宝伝《ほうでん》の沖2キロほどに、5つばかりの島が固まって浮かんでいる。それらの中心となる一番大きな島が岡山市内唯一の有人島犬島《いぬじま》だ。犬島精錬所美術館があり、瀬戸内国際芸術祭が開催されるなど、今や現代アートの島として全国的にも知られるようになった。そのお陰で、県境を越えた香川県側の豊島とも、定期航路で結ばれるようになったほど。

しかし、アートの島となるまではほとんど無名で、ごく一部の人が壮大な廃墟のある島、花崗岩の一種である犬島石の島として知るていどだった。

江戸時代の元禄年間に入植がはじまり、当時はもっぱら採石の島として活用されていた。犬島石は、広く各地に運ばれた。主な場所や物件を挙げると、岡山城、岡山後楽園の庭石、牛窓港一文字波止、大阪城、大阪港、大阪万国博覧会日本庭園、平城京跡朱雀門、鎌倉鶴岡八幡宮大鳥居など。わざわざ関東にまで運ばれているのには、驚かされるばかりだ。1950年、島の古老が発見した三つ巴の文様が刻まれ

海上から見た銅精錬所跡

た石は、大阪城築城のため切り出された残石と考えられている。

犬島が採石で一番沸き返ったのは、大阪築港に際してだった。１８９７年に採石がはじまり、採石のために天満宮を現在の場所へ移した１８９９年、最盛期を迎えた。周辺各地から多くの石工や関連する職人が流れ込んで、島の人口は数千人まで膨れ上がり、築港千軒と呼ばれるほど殷賑《いんしん》を極めた。しかし、１９０５年港の整備に区切りがつくと、石工たちはに去っていった。

１９０９年になって、岡山本土にあった帯江鉱山の煙害問題に対応するため、犬島の東海岸に坂本合資会社の製錬所が造られ、銅の製錬を開始。たちまち人口が増えはじめ、また往時の賑わいを取り戻した。

従業員のための社宅が続々と建設され、もっとも景気のよかった頃は、港周辺に飲食店、料理屋、旅館などが建ち並び、三味線や太鼓の音が夜遅くまで鳴り響いていたという。さらに、会社専用の演劇場や会社の請願巡査駐在所もあって、近郷では一番の都会だった。明治時代の離島であったにも関わらず、製錬所に自家発電所があったため、社宅には電灯もついていたという。

１９１６年銅価格は最高値を記録するが、第一次世界大戦による特需が終戦とともに消え去り、戦後不景気のため銅価格が世界的に大暴落。１９１９年３月、犬島製錬所は操業を中止してしまう。その後、

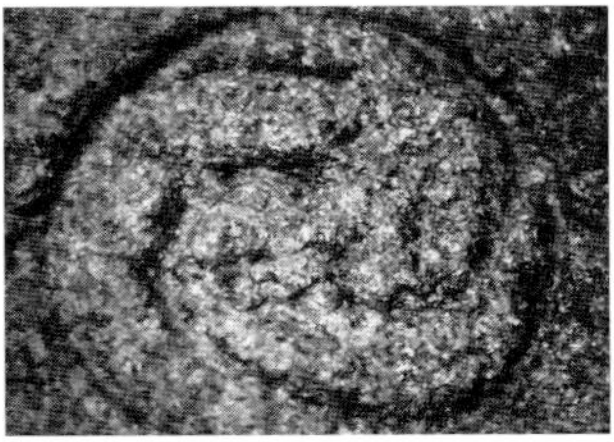
大阪城残石に刻まれた紋

住友合資会社が買収したが、操業が再開されることはなかった。

昭和も後半になって、荒涼とした特異な景観が着目され、映画『カンゾー先生』や一世を風靡した人気テレビドラマ『西部警察』などのロケ地として利用されたこともあった。

2001年、当時ベネッセコーポレーション会長だった福武總一郎氏が、製錬所の跡地を買い取り、保存に向けた活動を開始する。

現在は、ベネッセホールディングスと福武財団が展開しているアート活動「ベネッセアートサイト直島」の一環として、銅精錬所の遺構を保存・再生した犬島精錬所美術館となっている。

この美術館は、近代化産業遺産の保存と活用、アーティスト柳幸典氏の三島由紀夫をモチーフとした作品、建築家三分一博志氏の美術館の建物、植物を利用した高度な水質浄化システムの4つの要素から成り立っているという。

発電所跡

③採石場跡（小与島・香川県坂出市）

瀬戸大橋の橋脚の島となり、瀬戸中央自動車道のＰＡがある与島《よしま》から、定期航路がなくなってしまった小与島《こよしま》へ島人の船で向かった。船上から眺める小与島は、不思議な雰囲気の漂う島影だった。削り取られて剥き出しになった山肌。両側から徹底的に切り崩されて、オベリスクと化した石材鉱区の境を示す石柱は、まるで何かの記念碑のようなたたずまい。そして、瓦屋根をのせた家が10軒ばかり。数分で小与島に到着した。

船の上で、そして小与島をめぐりながら、自治会長の平井正雄さんは（取材当時）島の来し方行く末を坦々と語った。

「現在島に住んでいるのは、４人です。他の３人は、島で石材を採掘しています」

平井さんも石材業を営んでいたが、現在は開店休業状態で、実際に採掘しているのは中野石材１社のみ。

「規制がどんどん厳しくなって……。私も許可申請は

石材鉱区の境界岩

していますが、再開は現実的には難しい。採石後の原状回復や掘削深度の制限などが、年々厳しさを増しているので」

　小与島で石材採掘が盛んになったのは、大正時代になってから。その後、徐々に人口が増えていった。

「こんなに寂しくなってしまった小与島ですが、一番賑やかな時は石材業者が18社もあった。昭和40年代のことで、人口も120~130人（最大人口は昭和30年の190）はいたはずです」

　しかし、学校が開設されたことはなかった。

「小さい頃は櫓漕ぎの舟を押して、自分で与島の学校に通っていました」

　1933年生まれという平井さんが、櫓をこぐ真似をした。

「今、一般の人が小与島に来ようとしたら、チャーターするしかないでしょう。岡山県側からは、釣り客対象の

1966年6月、まだ山が連なる小与島(上)。中学校の資料

渡船が出ているようですが」

港から、島を東へ横断するように歩いた。右手の藪に埋もれようとしている家を見ながら、平井さんが言った。

「大正時代、最初に小与島へ移り住んできた人の家でした」

すっかり草木に覆われ、指摘されないと在ることに気づかないほど。海上から見えたオベリスクが、また立ち現れた。やはり存在感がある。

「実は……、イタリアの有名な現代美術作家の作品なんですよ」

などと、平井さんに真顔で言われたら、すぐに信じてしまいそうだ。

現在採掘している丁場（採石場）は、その先だった。海岸には、大きな石材運搬船がとまっている。北側に回り込むと、採石跡に水がたまってできた大きな池があった。周囲が崖に囲まれ、ミニ摩周湖のような神秘的な雰囲気が漂う。10年ほど前に、心惹かれた景観はほとんど変わっていなかった。湖面を前にしてオベリスクがそびえ、彼方には瀬戸大橋が横たわる。他に類を見ないという意味では、絶景と呼んでもいい。

島内をめぐった後、平井さんは在りし日の島の写真を見せてくれた。

小与島の採石場跡に水がたまってできた池

石を満載したデッキ船とその前を行く櫓漕ぎの伝馬船は、採石業が盛んだった時代が偲ばれ、当時を知らないぼくでも懐かしさが込み上げてくる。

「輸入石材が大量に入りはじめて陰りが見えていましたが、橋が架かり本土と直接往来できる定期航路（架橋前は、坂出～瀬居島～与島～小与島～岩黒島～櫃石島～下津井という航路があった）がなくなったのは、島にとって大きな痛手でした。その後、島の住人と観光客のために、島で民宿を経営していた人が与島港と小与島を結ぶ定期船を就航させました。しかし、その人は与島港内で不慮の事故に遭って亡くなり、定期航路は消えてしまったんです。島で石材加工をしていた人たちは、島の工場ではロスが多いので、坂出に工場を建てて移っていきました」

ここまでは、2008年の話。

2015年、小与島の採石業は終焉を迎えたという。

石を満載したかつてのデッキ船と櫓漕ぎの伝馬船

④造船所跡（小佐木島・広島県三原市）

三原駅前桟橋から小佐木島《こさぎじま》まで14分。高速船で三原から12分の佐木島《さぎしま》と並んで、新幹線の駅から最も近い島として知られる。

最近では、アーティストたちによる古民家再生を中心にした「集落再生プロジェクト」や公益財団法人ポエック里海財団が進める「小鷺島ビオアイル計画」などによって注目されるようになった人口10人ほどの小島だ。かつては、造船の島として栄えていた時代もあった。

島の吉村さん宅に残っていた大正時代の写真は、その繁栄ぶりを如実に語っている。第一次世界大戦で欧州の造船業も壊滅状態になっていた1916年、元々造船の島だった小佐木島に、糸崎ドックの新しい造船所ができた。2ヘクタールほどの敷地には、当時アプト式では東

1916年に造られた糸崎ドッグ造船所

洋一の規模を誇ったという船台や、木工所、鉄工所、機械工場など、造船に必要な施設も整備された。しかし、1918年に大戦が終結すると戦後不況に襲われ、1921年頃に閉鎖されたという。また、写真の中央に威風堂々と建っているのは、村議会議員を務めた吉村家の邸宅だとか。

写真の説明をしてくれた吉村和雄さんと、集落の裏側に広がる畑や空き地を歩いた。最も強く印象に残ったのが、造船所の巨大な船台跡。吉村さんによると、例の大正時代に造られたもの。ただし、実際使われたのか、大戦後の造船不況で使われないまま放置されたのかまでは、分からないとのこと。

ミカン畑の中に横たわる、船台だったという細長く巨大なコンクリートの構築物には、歯車と噛みあうラックレールが残っていた。石垣で畳まれたドックは埋め立てられ畑になっていたが、傾斜をつけて積まれた石垣の一部が見え、規模の大きさを偲ばせてくれる。あまり注目されていないが、産業近代化遺産としても貴重なものだろう。

謎の小佐木島を歩く

翌朝、島の中を歩いてみたくて、もう一度小佐木島へ渡った。三原始発は8時35分なのに、30分に舫いを解いたのでアレッと思ったら、向きを変えてクルマを積んだ。出航2分前、片手に釣竿をもった人が自転車で滑りこんだ。瀬戸内ならではの、気軽な乗船風景。

乗客は、犬を連れた婦人、釣人3人、工事関係者2人と、かなりの数。昨日、吉村さんが「周辺海域の他の航路と較べると、乗客は（人口に比べ）格段に多い」と言っていたが、あながち誇張でもなさそうだ。今日の事務長は吉村さん。あらためてお礼を述べ、切符を買った。

港の周囲に広がる集落を離れると、ブランコや雲梯の残った、昔海水浴場として賑わったであろう白砂の浜があり、別荘らしき空き家が点々としていた。

アプト式ドックのラックレールと思われる遺構（中央）

⑤精錬会社社宅跡（生野島・広島県大崎上島町）

生野島《いくのしま》は次項で紹介する大崎上島《おおさきかみじま》と竹原の間に浮かび、すぐ西側には瀬戸内海の軍艦島とも称される契島《ちぎりしま》が横たわる。東邦亜鉛の精錬所がある契島との結びつきが昔から深く、今も大崎上島の白水と生野島を結ぶ定期船の終着は契島だ。

朝9時白水港で船を待っていると、働き盛りの人がたくさん降りてきた。24時間稼働している契島で働く、夜勤明けの人たちだった。折り返す船に乗って、生野島の福浦で下船。時計回りに南西へ向かった。多島美で知られる瀬戸内海だが、生野島周辺の眺めは特に島の密度が濃い。やがて、足下にまとまった集落が見え、目の前には契島が浮かんでいた。くさの浦だ。

小さな集落だが、一部直線的に整っていて、大都市近郊のたたずまい。回り込むと、縁側でお茶を飲んでいる人たちが

石垣の上に鍰（からみ）煉瓦の塀がそびえる

いた。早速、話の輪に入れてもらう。

家の周囲を見回すと、気になるものがたくさんあった。城郭の一部を思わせる、ゆるく反って高々とそびえる石垣。大きなコンクリートのタンクや煉瓦のような黒っぽいブロックを積んだ塀。

「ここには、以前契島の社宅があったんじゃ」

家の主の福本正敬さんが住む建物も東邦亜鉛の元社宅で、それに手を加えたという。コンクリートタンクは貯水槽で、煉瓦もスラグ（鉱滓）を利用したものだ。社宅街なら家並みが計画的なのも、当然だ。近くには、周辺を赤煉瓦で畳んだ井戸もあった。

社宅ができたのは、1955年頃だという。社宅建設と同時期に、通勤船が発着する桟橋も整備された。それまでは潮の干満を見ながら、一番都合よさそうな岩場に船を寄せ、歩み板を渡して乗下船していたという。

当時、大崎上島を出て契島へ行く船は、生野島ではくさの浦にしか寄港しなかったので、他の集落の人はくさの浦まできて乗船した。

くさの浦の旧社宅街、沖には契島が浮かぶ

話し込むうちに、正午近くになっている。くさの浦を探検しなくては。しっかりした石垣が何ヶ所も残り、契島への通勤船が接岸していたという小さな桟橋があり、その脇の貯水槽は物置小屋になっていた。

タンクの前から南へ、両側に家が建ち並ぶ小径が一直線に100メートル以上伸びている。そう思ってみると、いかにも精錬所の社宅街らしい雰囲気が漂っていた。

旧社宅街と貯水槽を流用した倉庫

くさの浦の社宅街

⑥石灰焼き窯跡（大崎上島・広島県大崎上島町）

美しいいにしえの町並みが残る広島県竹原市沖に位置する大崎上島は、周りの大きな島々がしまなみ海道や安芸灘とびしま海道で本土と陸続きになった中、一島だけ独立した島の矜持を保っている。しかし、本土や周辺の島々との間に多くの航路があり、便数も多く、交通は便利だ。

全国的には地味な島だが、大崎上島産ブルーベリーのアントシアニン含有量、鉛の生産量（東邦亜鉛契島精錬所）、内航鋼船生産量、加圧流動床複合発電設備（中国電力大崎発電所。世界最大級）、木造5階建ての民家、メタノール輸入量（木江ターミナルメタノール輸入基地）など、多くの日本一がある、実力を秘めた島なのだ。

東岸の潮待ち・風待ちの港として大いに栄え、今も木造3階建てが軒を連ねる遊郭跡も残る木江《きのえ》のすぐ北側に、岩白という

岩白で見かけた赤煉瓦の倉庫

気になる地名がある。大崎上島の南にある小大下島と同じように、石灰を産出するらしい。

木江から20分ほど歩くと、海辺に石灰石の白い小山が見えた。山側は広大な採石場で、石灰の崖が剥き出しになり、石灰岩がごろごろ転がっている。まだ採掘を続けているようで、奥の方から重機の音がした。もしかしたらと思い、雑貨屋で石灰焼き窯の有無をたずねた。

「使わなくなってもう50年以上になるから、跡は分からないでしょう」

予想通り、ここでも石灰焼きが行われていたのだ。石灰焼き窯は岩を積み上げた巨大な焼成装置で、簡単に消えはしない。通りがかった男性に声をかけると、ついてこいと言って歩きだした。集落の中を少し行くと広い場所にでた。一角に石積みがあり、一番下にぽっかりと黒い口が開いている。これか？

岩白の石灰鉱山

岩白の生石灰貯蔵庫は物置になっていた

「あれは違う。上に焼いた石灰の貯蔵庫があったんだ。そして、海岸まで続く線路がここに敷かれていた」

彼は、ぼくらが立っている小径を指した。

「トロッコがあの穴の中に入ると、上から生石灰が落ちてきて、それを海岸の船まで運んだんだ」

変哲もない道が、急に歴史の生き証人に見えてきた。生石灰《せいせっかい》に水をかけると消石灰《しょうせっかい》（口蹄疫の防疫に使われた白い粉）になるが、島は水が乏しかったので、加工せずに出荷していたという。

20〜30メートル先で、藪に埋もれた石積みが現れた。またもや四角い穴があいている。石材は、花崗岩のようだ。

「これじゃ、石灰焼き窯は。焼かなくなったのは、50年くらい前かな。小さい頃に窯で焼いて食べた芋が、うまかったな」

見あげると城の石垣のようにそびえ、上は緑の中に消えていた。窯は使っていないが、バラス（砂利）などの需要があるので、今でも掘り続けているのだという。

その晩泊まった宿のご主人が、石灰鉱山の社長だった。石灰の話に水を向けると、のってきた。

「この辺にも、徳利窯が5基あったんですよ。石灰石は岩白ではなく、小大下《こおげ》や大下《おおげ》から運んでいました。窯の中に石灰石と石炭を交互に詰めて丸二昼夜焼くと、生石灰ができた。そのままドンゴロスの袋に詰めて出荷していました」

翌朝、教えられた場所を訪ねると、徳利窯がきれいな形のまま立ち尽くしていた。

岩白に残っていた石灰焼き窯跡

沖浦に残っていた石灰焼きの徳利窯跡

⑦石灰産業関連施設群（小大下島・愛媛県今治市）

小大下島と書いて、こおげしまと読む。かつては、岡村島、大下島とともに3島で関前村《せきぜんそん》をなしていたが、合併後は今治市となった。目の前の大崎上島は広島県で、県境の島でもある。

岡村島から小大下島へ向かうと、すぐに船は幅150メートルほどの小大下瀬戸に入る。一番狭まったあたりの小大下側の海辺に、積み出し施設の遺構が見えた。それをじっと眺めていると、岡村島在住の井村雄三郎さんが言った。

「あれが、石灰を焼いていた窯」

民家の裏斜面に、城郭の一部を想わせる大規模な石垣があった。石垣の下の方には、小さな口が開いている。小大下島に上陸して石灰焼き窯へ向かおうとしたら、井村さんがすぐに足を止めて、花崗岩のボラード（繋船柱）をのぞき込んだ。〈カネ印に源〉や〈ヤマ印の下に城〉のマークが刻みこまれている。

石灰岩搬出施設の一部

屋号紋が刻まれた繋船柱

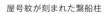

「ここを使っていた会社の屋号ですよ」

前回きた時は、気づかなかった。やはり地元の人が一緒だと心強い。1分も歩くと、石灰石の石垣の上に墓地があった。

「焼き窯の一部を利用しているんです」

石灰焼き窯の上に墓地を造ってしまうとは、なかなかシュールな発想だ。ふと足元を見たら、墓地へ登る階段の一部に鍰《からみ》煉瓦が使われていた。小大下島産の石灰石を納めていた四阪島あたりから、もらってきたのかもしれない。

その先の小さな切り通しは、片側が石灰石の石垣になっていて、見上げるばかりの高さ。明治時代の最盛期には、窯が120基あったという記録があるから、その遺構だろう。高い石垣を回り込むと、先ほど望見した石灰焼き窯が現れた。近くまで行けなかったが、物置小屋として使われているらしい。

ここで『関前村誌』を参考に、小大下島の石灰石採石業の変遷について、簡単に触れておこう。

石灰石の採掘がはじまったのは1818年頃だが、限られた季節にごくわずかだけだった。本格化するのは、明治時代になってから。

石灰焼き窯を利用した墓地と鍰煉瓦も使われている階段

城郭の石垣を想わせる石灰焼き窯の遺構

最初は、肥料用の石灰が中心で、原料として出荷されることが多かったが、やがて島で焼成加工するようになった。

大正時代に入ると、セメント用や精錬用の需要も増加し、大手が進出してくるようになった。昭和の世になると、順次機械化が図られ効率が飛躍的に向上する。戦後の最盛期は昭和20年代後半。その後は、他で大規模な鉱山が開発されたり、資源が減少したりで大手は撤退し、地元の会社が細々と操業を続けていたが、1977年8月31日に本村上鉱山の閉山をもって、百有余年の石灰石採掘に終止符を打った。


所要のある井村さんと別れ、自治会長の松橋禮治さんの案内でさらに小大下島を歩いた。小大下島の主な道は、集落がある西の入江から島を横断して東へ抜けている一本だけ。ゆるい坂を登りながら、山のあちこちをトロッコが行きかい、石灰石を運ぶベルトコンベアが唸りをあげ、貯蔵庫の石灰石が大きな音を上げながら次々と運搬船に積み込まれていた往時を、懐かしそうに語ってくれた。

坂をほぼ登りきった右手に、切り立った崖に囲まれた池が現れた。神秘的なたたずまいで、小さな摩周湖のよう。かつての石灰石採石場跡に、湧水や雨水が溜まってできた池。飲用に適すると分かり、1977年から上水道の水源地となった。

「貯水量は、10万トンです。石灰石を採掘していた当時は、湧水対策として水を抜くための横穴も掘られていたのに……」

それが今や、常時水不足に悩む島人の貴重な水源なのだ。池畔の一部に平面があり、階段状になっている。

「5メートル単位で掘り下げたんです。ああやって平らな場所を造りトロッコを通すのが、運び出すのに一番安上がりな方法だった。昔は、死ぬ時は死ぬ。石一つでも、死ぬ。そんな感覚で働いている人が多かったように思います」

村誌を見ても、実際しばしば死亡事故が起きていた。

さらに進むと下り坂になり、大正時代に造られた石粉工場の煙突が見えてきた。石粉を挽く石臼を動かしていた蒸気機関の煙突だった。上質の石粉は、おしろいの原料になり、その他に精米に利用したり消毒薬として使ったという。

赤煉瓦の四角い煙突の先端に、小さな木が生えている。可愛らしいが、そこから罅《ひび》が広がりはじめていた。

石灰石の採石・加工に関わる産業遺産がこれだけ残っている場所は、全国でも稀だろう。手遅れにならないうちに、しっかり保全して欲しい。

採石場跡に水が溜まってできた池が今や水源地に

石粉工場の赤煉瓦で作られた巨大な煙突

⑧塩専売所赤煉瓦倉庫、塩田跡の煙突（姫島・大分県姫島村）

大分県の国東半島《くにさきはんとう》沖に、周辺と町村合併もせずに独自路線を歩む島がある。一島一村の姫島《ひめしま》だ。役場職員のワークシェアリングや空き缶デポジットなどで、全国的にも先進地だが、有名なのは廃止になった塩田の先駆的利用により、「姫島車えび」という全国ブランドを生み出したこと。

姫島の塩田は、すでに1610年には開拓され、その後長らく姫島の経済を支える産業であり続けてきた。しかし、塩田の整理に伴い1959年に廃止されてしまう。一方、塩田の跡地は車えびの養殖池へと変身を遂げた。

大分県1村1品運動の功績賞、大分合同新聞文化賞特別功労賞、サントリー地域文化賞、大分県知事表彰など、華々しい受賞歴を持つ「姫島車えび」だが、当初は苦難の連続だった。旧塩田所有者らが設立した会社も、その後を継いだ会社も技術不足などから立ち行かなくなり、1965年に撤退する。同年6月に姫島村も出資する第3セクター方式の「姫島車えび養殖株式会社」が設立され、徐々に軌道に乗り出した。

1980年代から1990年代にかけては、全国の生産量の1割を占めるまでになり、築地市場の車えび価格に影響を与えるまでに成長する。その後、ウイルス病で生産が激減するなどの苦難もあったが、今も村の基幹産業の一つとなっている。

現在、塩田が盛んだった時代を偲ばせるのは、1990年に造成され北浦公園となった塩専売所跡地の遺構だ。ここは、1905年4月1日熊本塩務局姫島出張所が開所された場所で、事務所と塩倉庫2棟と、赤煉瓦倉庫が建てられた。現存するのは、赤煉瓦倉庫と事務所の門柱だけ。

また、養殖池のただ中にそびえる大きな煙突は、製塩していた時代の名残りだという。

現役時代の塩田と煙突

元塩田跡地は車えびの養魚池に生まれ変わった

塩専売所赤煉瓦倉庫

塩専売所の門

⑨ボタ山、石炭積出施設跡（飛島・長崎県松浦市）

もう20年ほど前になるが、まだ行ったことがないという理由だけで、長崎県松浦市の飛島《とびしま》にわたったことがある。

周辺の福島などと同じように、炭鉱があったという話だけは聞いていたので、暇つぶしがてら炭鉱時代の名残を求めて散策すると、島の南端を回ったあたりに炭住（炭鉱労働者のための社宅）と思われる長屋を発見。まだ人が住んでいるようで、古びてはいるが手入れはきちんとされていた。

炭住前を通り過ぎてしばらくすると、前方に高さが50メートルほどの美しい円錐形の山が現れた。一部山肌が崩れ、下から岩の屑らしいものや黒っぽい塊が見えている。こんなところで、由緒正しいボタ山に会えるとは。

ススキに覆われた周辺の空き地には、運炭用のベルトコンベアの支柱や石炭を貯蔵していた施設らしきものは、しっかりした部分も

ボタ山と石炭積出用桟橋

運炭用ベルトコンベアの支柱らしい

あるが、錆びた鉄筋なども露出して朽ちた姿を晒していた。

ボタ山の前の海岸から石炭を運び出していたようで、先端まで昇り勾配が続く橋脚を備えた突堤が、海に突き出している。石炭積み出し用の桟橋に違いない。

海岸を伝ってボタ山の麓まで行くと、ボタに混じって黒々とした石炭も落ちていて、ヤマが栄えていた頃を偲ばせてくれた。

島人によれば、上田鉱業という会社が経営する炭鉱は、日本で一番小さいと言われていたらしい。1950年に開坑し、最盛期には年間10万トンを出炭したが、1969年には閉山したという。

なぜか居心地のよかった飛島を10年後に訪ねると、思っていたほど大きく変わってはいなかった。しかし、子どもがいなくなった今福小学校飛島分校は、閉校されていた。

立ち話をしたオバァさんは、

「現在、廃校にするかどうか市と話し合いをしているところです。来年1年生に上がる子どもがいるけれど、1人ではね」

島人と松浦市の間でどんなことが話し合われたのか分からないが、2005年3月、飛島分校は108年の歴史を閉じ廃校となった。

炭鉱の遺構

石炭積出用桟橋

⑩松島炭鉱4坑跡（松島・長崎県西海市）

離島最後の炭鉱となった池島《いけしま》のすぐ北側に、池島炭鉱発祥の地ともいうべき松島が浮かんでいる。松島で石炭採掘がはじまったのは1781年まで遡り、時津村の萬右衛門によってはじめられたと伝わる。江戸時代は、島内外の人が断続的に採炭をおこない、塩田の塩炊き用に供給していた。

明治時代半ばになると、石炭産業が急速に重要性を増してくる。1905年、古賀鉱業合資会社による本格的な開発がはじまる。古賀鉱業は、同年に第1坑、1910年に第2坑を開坑。採掘された石炭は品質に優れ、第3坑をが稼働しはじめた1912年には、年間生産量が約36万トンに達した。

1913年、三井鉱山が古賀鉱業松島地区の鉱区を買収、両社の共有として松島炭鉱株式会社を設立。古賀鉱業が採炭していた第1坑、第2坑、第3坑を引き継いで、順調にスタートする。初年度の生産量

第4坑跡に残る運炭線のトンネル

第4坑跡に残る四角い電柱

は、27万トンだった。

1914年、第4坑第1立坑の開削に着手。大量の出水に悩まされたが、翌年米国式セメント注入法を日本で初めて採用し止水の成功する。また1915年には、第4坑第2立坑の開削に着手し、1917年に完成。

1920年に第一次大戦後の恐慌が世界を襲い、採炭事業も低迷期を迎える。

松島炭鉱の生産量は、大正年間は40万トン台で推移し、1925年には51万トンを出炭してピークを迎えた。ただし、創業時から出水と断層に繰り返し悩まされ、採炭が困難になることも度々あった。

1929年、第3坑の激しい出水のため一瞬にして42人が亡くなり、第3坑は休止となる。

1934年11月25日、今度は第4坑で大規模な出水が起きて瞬時に54人もの命が失われ、第4坑も廃止となる。第1坑と第5坑の採炭要員を残して、約1050人を解雇。

しかし、採炭をはじめたばかりだった第5坑も、第4坑の浸透水の影響で水没してしまい、1935年2月排水に打つ手を失い閉山した。

第4坑跡に残る
運炭線のトンネル

第4坑の
巻上小屋

生ける軍艦島。

⑪炭坑関連施設（池島・長崎県長崎市）

池島を一言で括ると、そうなるだろう。

炭鉱で栄華を極め、石炭採掘の終了とともに、火が消えた島。

軍艦島との大きな違いを一つ挙げるなら、戦後に開発されたため、朝鮮人や中国人の強制労働といった負の歴史がないことだろう。

三井松島産業の子会社である松島炭鉱が、池島の海底炭田の開発に着手したのは1952年だった。操業開始は、1959年。我が国における石炭産業が一番華やかで、炭鉱マンはあこがれの職業だった時代だ。

1950年に323だった人口は、1955年には765、操業開始後の1960年には3588人と飛躍的に増え、良質の原料炭を供給する優良炭鉱として繁栄した。

1970年には、7265人を数えたこともあった。住民登録をしない流れ者の鉱夫も含めれば、1万近い人で賑わったのではないかという。

ピークを迎えた1985年の出炭量は、150万トンを超えるほどだった。

池島の名前の由来は、島に着くとなんとなく実感される。港がまるで池のようなのだ。池島港は、かつて幅100メートルほどの砂洲で外海から遮られた池で、鏡池と呼ばれていた。後に、砂洲を開削して池を港として整備したのだ。

初めて池島を訪ねたのは、1993年のことだった。当時の池島は、貯炭場や石炭積込施設、

閉山前日、貯炭場を走るトロッコ

池島炭鉱最期の日の繰り込み場

閉山前日の郷地区にあったパチンコ屋

鉱業所住宅、トロッコの操車場などは活気にあふれ、さながら炭鉱稼働中の軍艦島のようだった。

より印象に残ったのは、島の高台を埋め尽くすように林立する高層の炭鉱住宅群。炭鉱が経営する大きなスーパーマーケットには、一般の商品の隣に入坑用の安全靴やヘルメット、脛当てなどが並んでいた。

次に訪れたのは21世紀最初の年、2001年11月末の閉山前後だった。

閉山の前月まで、あと5年は操業すると断言していた会社は、2001年10月12日に至って急に年内の閉山を発表。翌月の11月29日には、閉山してしまう。円高による輸入炭の増加や人件費の高騰が主な理由で、日本の島で最後まで踏ん張っていた炭鉱が、あっさりと姿を消してしまったのだ。

閉山前日、繰り込み場で最後に入坑する作業員たちを見送り、よそ者ながら時代の転換点に立つ感慨に襲われたものだった。

一方、採炭は終えたものの、中国、ベトナム、インドネシアなどの技術者を教育するという国策のもと、池島では一部の坑道は維持され技術移転が行われた。本当は本国へ戻って、習得した技術を活かすはずの外国人技術者が、日本で生まれ日本語しか分からない子どものために一家で日本に残った、という話

日本初、1967年に造られた海水淡水化施設

を閉山後しばらくして聞いたこともあった。

地域社会の変化は、子どもたちにも大きな影響を及ぼした。閉山前の4月、小学校には225人、中学校には152人の子どもたちが通っていたが、翌年の9月に訪れた時は、小学校は27人、中学校も19人になっていた。

さらに、1965年子どもたちが増えて併設が解かれた池島小学校と池島中学校は、2006年になって再び併設校の池島小中学校となってしまう。当時の子どもの数は、小学校12人、中学校7人だった。そして、2017年11月現在、小学校が2人、中学校は0となり休校中。また、2017年11月1日現在の人口は、炭鉱進出が決まる前のさらに半分以下になり、147人だという。

池島港に降り立つと、錆が浮いたり塗料が剥げたり疲れが目立つが、港を取り巻く巨大な施設はまだまだ存在感が大きく、今にも轟音を響かせて動きだしそうに感じられる。

「最近は、使われなくなった建物や炭鉱の施設を見にくる人が増えています。わざわざ来ても、こんなものしかないのに」

コミュニティーバスの運転手が、言う。

華やかだった往時を知る地元の人からすれば、見る影もなくなってしまった島へ、一体何を好き好んでと思うのは当然だろう。しかし、池島の風景の中に身を置くと、なぜか心が休まる。覚えてもいない遠い昔の幸せだった光景を、思い起こさせてくれるからか。

軍艦島も心揺さぶる何かがあるが、あくまで近寄れぬ風景を眺めるツアーだ。一方、池島は炭鉱当時の地上施設はほとんどが手つかずで、人が暮らしていた頃の軍艦島を疑似体験することができる。また、近年は炭坑の中に入ることもできるようになった。

長崎さるく博で好評だった「九州最後の炭鉱池島炭鉱さるく・坑内体験ツアー」が、事前申込制ながら常時開催されているのだ。

港に面した石炭の積み込み施設

格納庫で朽ちつつあるトロッコの軌道車

人影がほとんどない住宅街

炭鉱の概要を説明された後、坑外トロッコ電車停留所でキャップランプやヘルメットを着装し、トロッコで水平坑道奥部電車停留所まで行って下車。坑道掘進跡などを見学してから、採掘現場復元箇所で本物の採掘に使われた機械や道具に触れ、さらに炭鉱関連の写真や映像を見て、地上へ戻ってくるというもの。筆者も近々参加するつもりだ。

在りし日の貯炭場

⑫北渓井坑跡（高島・長崎県長崎市）

遊歩道整備などが進み上陸可能になって人気を集めていた端島（通称軍艦島）が、2015年世界遺産に登録されますます注目を集めている。しかし、端島鉱業所が属していた三菱高島炭礦の本家本元は、端島の2・5キロほど北に浮かぶ高島だった。

高島では、1695年に島民の五平太によって石炭が発見された（端島は1810年）。それまでも製塩や磁器焼成のための燃料として出炭していたが、1817年から佐賀藩が直営で採炭するようになる。1868年、同藩とトーマス・グラバーが共同で高島炭鉱の新規開発に着手した。それまで日本における採炭は、地表から鉱脈に沿って掘り進むタヌキ掘りだったが、1869年にイギリス人技師モーリスがヨーロッパ最新の機械と技術を導入し、日本初となる蒸気機関を使った竪坑を開く。深さは約43メートルで、日産300トンだったという。この竪坑が、北渓井坑《ほっけいせいこう》だ。

発掘調査中のグラバー別邸跡

炭礦アパートの通路、ドアが以前は引き戸だった痕跡がある

その後、1874年1月官営となり、同年11月後藤象二郎に払い下げられる。経営が代わっても良質の石炭を大量に産出していたが、1876年浸水のため操業を停止する。北渓井坑が活躍したのは10年足らずだったが、我が国の石炭産業界に革命をもたらした功績は大きい。

高島炭鉱はその後紆余曲折を経て、1881年三菱商会の岩崎弥太郎に売却された。以降、三菱が絶対的な所有権を保持し続け、高島は「三菱発祥の地」となった。残念ながら、1974年の端島鉱業所に続き、1986年高島鉱業所も閉鎖されてしまう。

それに伴い多くの人が島を去ったが、端島と違って無人島になったわけではない。

しかし、無人化した炭鉱住宅アパートが多かったので、高島町は環境整備を図るため、1989年から1996年にかけて不要になった炭鉱住宅の解体を進めた。

軍艦島を世界遺産にという機運の高まりを見たある島人は、「あれが残っていたら」と呟いていた。

高島に残る炭鉱住宅アパート

二子第一斜坑口社章

⑬軍艦島（端島・長崎県長崎市）

初めて九州を訪ねた1973年、端島（以下、軍艦島）はまだ炭鉱が稼働して人が行きかう生きた島だった。

生きながら伝説と化した軍艦島は、人が住んでいる頃から遠い憧れだった。

当時から、新聞やテレビで紹介される機会が多かったのだろう。スター的存在の小島は、子ども心にも様々な印象を植えつけていた。

東京都心にも優る人口密度（それが繁栄の証）の島。

直線で構成された奇妙な島影は人工の窮みで、まさに軍艦の風貌そのもの。そこに、未来都市の幻影が垣間見えた。

そして、立体的な迷路のように入り組んだ通路。

異界に通じていそうで漠とした恐怖を覚えるけれど、だからこそときめきを感じ、妙に親近感を抱かせる異空間。

初の九州では長崎まで行ったのに、軍艦島へわたりたいと思いつつ、足を運ばなかったことが悔やまれる。

1810年、岩礁に等しい小島だった端島で石炭が発見されるが、三菱が買収して本格的な採炭を開始したのは、1891年になってから。同年早くも蒸留水機を設けて、各戸に飲料水を供給しているというから驚く。1916年には、本邦初という鉄筋コンクリートの7階建高層アパートが完成。1世紀を経た今も、立ち尽くしている。同年、朝日新聞が軍艦「土佐」に似ているとして、端島を軍艦島の愛称で紹介。1941年には、年間41万トンの最高出炭量を記録する。物資が著しく欠乏していた敗戦の年に、最大の65号棟主要部を完成させている事実が、端島の実力を物語る。

1959年には、6ヘクタールの島で人口5259人を記録。人口密度日本一の栄冠に輝いた。緑が少ない島にわずかでもと1968年にはじまった屋上の緑化は、最近になり都市のヒートアイランド化対策として注目されているという。その後、規模を縮小して行き、1974年1月15日ついに閉山。わずか3ヶ月で無人島となってしまった。

その後も、軍艦島は観光県長崎にあって、公式には立入禁止ながらも、ずっと人気ポイントだった。今から20数年前、長崎県観光連盟の人から聞いた言葉が忘れられない。

「交通や宿、食事処以外で、一番問い合わせが多いのは、ど

第二見学広場

うしたら軍艦島にわたれるか」

20年近く前、憧れの軍艦島にわたったことがある。近づいていくだけで胸が高鳴り、上陸して呆然。明らかな廃墟に、一つの意思を感じた。無人と化しているから生活の翳りはないはずなのに、人の気配が立ち籠めている。

人々の願いと欲望、時代の潮流が、錯綜し絡み合い成長していった幻想的な空間。

朽ちつつあっても、決して死んではいない。だから今もなお、人々の心を魅了して止まないのだろう。ここに住んでいた人たちの話を聞いてみたいと強烈に思った。

その後、『軍艦島を世界遺産にする会』というNPOができたと知って、新たな興味を掻き立てられた。そこまでの価値があるのか。

一度話を聞きたくて、小学校6年から高校3年まで島で過ごしたという、理事長の坂本道徳さんを訪ねた。ひた向きながら気さくな人だった。

「炭坑というと、暗いイメージがあるでしょう。ぼくは、筑豊から端島に移ってきたけれど、

海が危険なので造られた25メートルプール跡

明るいイメージしかなかった。こっちの方がはるかに都会だし、電化製品も次々に増えていった。電気も、水道も、風呂も、タダ。しかし、閉山した後の端島には、最近までまったく興味がなかったんです」

きっかけは、1999年、25年ぶりに行われた中学校の同窓会だった。

「45名集まったんですが、翌日そのうち25名で島に上陸しました。すると、期せずしてみんな同じ行動をとった。自分の住んでいた家に直行したんです」

坂本さんは、閉山当時大学に進学して島を出ていた。

「だから、部屋の最後の様子は知らなかった。9階建ての9階に住んでいたので、すべてボロボロになっていると思っていたら、ぜんぜん変わっていない。ノートや教科書も段ボール箱に入れられて、押入れの中にポンと置いてあった。衝撃的な体験でした。誰しもが、もう二度と来ないだろうと思ったんです」

ところが、軍艦島のHPにアクセスする人があまりに多いので、同窓会から2ケ月後にオフ会を開くと、30代を中心に20名ばかり集まった。

「驚いたことに、20年ほど前に制作された公共広告機構のCMを見て覚えていた人が大半でした」

1982年に作られたCMは、資源問題に対する意識を喚起した『人影なし（軍艦島）』という映像だった。坂本さんは上陸希望者とともに、毎月のように軍艦島へわたり案内するようになる。年に何回かは、島で野宿することもあった。

「参加者は軍艦島に上陸するのは初めてなのに、自分の故郷を確認するように歩くんです。実によく調べていて、建物の配置や道が全て頭に入っている。指さしては、あれは70号棟とか30号棟とかいう。端島の人は、学校とか病院と呼んでいて、各棟に号数がついていることは知らなかったはず。逆に、ぼくが彼らから学ぶことも多かった。徐々に軍艦島の凄さに気づき、誇りを持つようになりました。そしていつしか、案内することに喜びを感じるようになっていたんです」

２００２年の12月、ささやかな軍艦島写真展を開催したところ、１週間で１５０人が来場。その３分の１が、端島の人だった。勢いを得て翌年３月、『軍艦島を世界遺産にする会』の設立総会を行うと、１５０名もの人が集まった。

長崎市によって整備が進められ、２００９年４月指定された一部に限り、上陸し見学できるようになり、今や長崎観光に欠かせない場所となっている。

そして、２０１５年「明治日本の産業革命遺産 製鉄・製鋼、造船、石炭産業」の構成資産の一つとして、ついに軍艦島は世界文化遺産に登録された。

上陸した途端こんな光景が。中央は端島小中学校

⑭もう一つの軍艦島（契島・広島県大崎上島町）

ＮＨＫ連続テレビ小説「マッサン」のモデルとなった竹鶴政孝の生まれ故郷で、昔からの美しい町並みが残る竹原の沖に、通称「もう一つの軍艦島」が浮かんでいる。

竹原港から対岸の大崎上島へ向かうフェリーに乗ると、進行方向右側にまるで軍艦のように鎧われた島影が見えてくる。中央にそびえる煙突から白い煙が立ち昇り、さながら生きている軍艦島のようだ。

世界遺産に登録された長崎の軍艦島（端島）は無人島だが、契島という正式名をもつこちらの小島は、日本で唯一住人がいる工場だけの島。将来的には、四阪島のように無人化して、対岸（竹原や大崎上島）から従業員が通勤することも検討されているという。

面積は９ヘクタールで、東京ドームのほぼ2倍。そんな小さな島の中央部には、貯鉱舎、焼結工場、熔鉱工場、熔澱工場、電解工場、精銀工場、脱硫工場、硫酸工場などの工場群が重なりあうように犇めき、南端には物流センター、桟橋が設けられた北部には、事務所や社宅などもある。まるで軍艦のファンネル（煙突）のように、真ん中でひときわ高く煙突がそびえているのは脱硫工場だ。

桟橋の周辺には、必要最低限のものを揃えた売店や自動販売機、待合所、守衛所などがある。その奥には、2階建ての社宅が建ち並び大浴場なども備えられている。

かつては南北2つの島だったが、両島の山を切り崩して周辺を埋め立て、今のように一つの島になったという。2島だった時代には、2つにちぎれたように見えるから「ちぎりしま」の名がついたという説もある。

1899年、岩佐巌と後藤亀吉が銅製錬をはじめ、製錬の島としての歴史がはじまる。1934年、昭和鉱業が契島を買収して、銅と硫酸の製造をはじめる。1940年になり、銅の製錬は中止し、鉛の製錬をはじめる。第二次世界大戦中には、空爆を受けたこともあった。1950年、契島製錬所を東邦亜鉛株式会社が買収。1951年、粗鉛の製造を開始。1955年には、電気鉛の製錬をはじめる。1964年、金、銀、ビスマス生産開始。1966年、濃硫酸、硫酸亜鉛の生産を開始。1968年、契島運輸株式会社を設立。1971年、脱硫操業開始。1975年、ソフトカーム（鉛遮音板）生産開始。1981年、脱硫方式を同和法に変更。1986年、バッテリーリサイクルをはじめる。2012年、電気銀の生産能力を年間400トン体制に増強。現在は、同社における鉛製錬事業の主力工場となっており、鉛の生産量日本一を誇っている。

竹原内港から出ている契島運輸の定期船は、会社関係者のみ乗船することができる。また、全島が会社の私有地なので、許可なく上陸することはできない。

⑮鉱工業の島（四阪島・愛媛県今治市）

瀬戸内海の中央部を占める広大な空白域燧灘にも、小島が点在している。燧灘西南に位置する四阪島もその一つだ。軍艦島（端島）や契島、池島などと並ぶ、鉱工業に特化した異形の島として知られる。

旧宮窪町（現今治市）に属する四阪島は、家ノ島と美濃島、明神島、鼠島、梶島の総称だ。中心となっていたのは、製錬所や工場、事務所などがある家ノ島と、従業員の生活空間だった美濃島の両島。家ノ島と美濃島は、四阪島開発の過程で、間にあった海が埋め立てられ、明治時代すでに一つの島となっている。

脇役だった他の島も、それなりの役割は果たしてきた。1907年、美濃島に社宅が完成するまでの仮小屋700戸が明神島に造られ、09年美濃島に移住。1923年には、四阪島の住人に供給する野菜を作るため、農家9戸が移住。1936年には、海水浴場も開

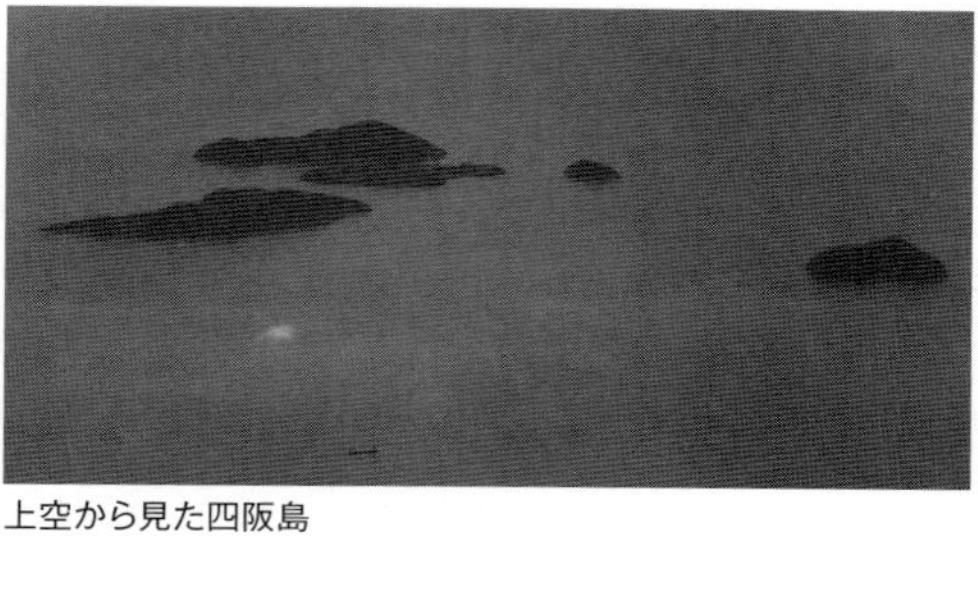

上空から見た四阪島

設された。

鼠島には、当初無縁仏の墓が造られ、大正中期に製錬所関係者の火葬場と納骨堂が設置され、1965年まで使われた。1945年になってから住友が買収した梶島には、会社嘱託の農家が戦後の食糧難対策として入植し、製錬所の従業員に供給した。

現在、住人はいないが、家ノ島には事務所や24時間稼働の製錬所が残り、50人ほどの従業員が新居浜から船で通勤している。製錬所では、これまで培ってきた技術を活用し、電気炉製鉄で生じる製鋼煙灰を主原料とした、亜鉛を回収するリサイクル事業をしている。製品は、亜鉛の原料となる粒状の酸化亜鉛（粗酸化亜鉛焼鉱）と鉄を豊富に含む含鉄ペレットだ。

銅製錬による煙害防止のため1924年に建てられ、1939年まで使用されていた高さ64メートルの大煙突は、島のシンボル的な存在として周辺の島々や東予地域の人々に親しまれてきたが、地震による倒壊の危険性があるとして2013年に取り壊された。産業遺産として高く評価をする声もあったが、安全を第一とした判断だったという。

大煙突と水運搬船みのしま

大煙突があった当時の四阪島

鉱物資源も何も産しない瀬戸内海の四阪島が、注目を浴びる産業遺産となったのは対岸の別子山村に産した銅のためだった。四国本土から四阪島へ移った銅製錬所を軸として、別子銅山と島の歴史を振り返ってみたい。

1690年、旧別子山村（現新居浜市）で有望な銅の露頭が発見され、翌年から採掘と製錬がはじまる。1698年には年間産銅量が1500トンを超え、明治以前の最高を記録。これは、当時世界一だったと推測されている。

銅は諸道具の製作に使われたほか、長崎貿易の決済用に重んじられた。時代が下ると、薪炭坑木の確保が難しくなり、また深くなった採掘場所の湧水に苦しみ、幕府に休山願を出したこともあった。しかし、幕府の御用銅買上げ価格引き上げなどの支援があり、生き延びた。

最大の危機を迎えたのは、明治維新の動乱だった。幕府と昵懇だった別子銅山は、新政府に没収されそうになる。この難局に挑んだ住友家中興の祖・銅山支配人広瀬宰平は、別子銅山がこれまでいかに国益に寄与してきたか、今後も新生日本にどれだけ貢献できるかを、没収役の土佐藩に熱意をもって説き、経営権を守り通した。

没収を免れた広瀬は、次々と近代化に着手する。1869年、粗銅から精銅への製錬場を大阪から地元の立川に移し、翌年は採鉱に黒色火薬を導入。1872年、蒸気船を購入して新居浜と大阪の間に定期航路を開設する。

1874年には、民間企業として初めて莫大な報酬を支払い鉱山技師をフランスから招聘し、近代化に取り組む。お雇い技師ルイ・ラロックが翌年まとめた『別子鉱山目論見書』は、その後近代化の指針となった。

広瀬は資力を考慮しながら、着実に近代化路線を歩んだ。1876年、東延斜坑や牛車道の開削に着手、我が国初の沈殿銅試作にも成功。1877年に新居浜御代島築港、1878年には沈澱銅工場建設に着手する。1879年に高橋洋式製錬所が、翌年は湿式収銅所が完成。1882年には、全国の鉱山で初めてダイナマイトを採用。1886年、鉱山排水を処理するための小足谷疎水坑が完成。1888年、収銅と硫酸製造、製鉄研究のため山根製錬所ができる。また、同年新居浜の銅製錬所で本格操業がはじまり、亜硫酸ガスによる煙害が大きな問題となりはじめる。

1891年、掘削作業に画期的な革新をもたらす高価な削岩機を導入。同年、複式高架索道が完成し、山の上と下との鉱石や物資の運搬が飛躍的に効率化した。1893年、別子の山に日本最初の山岳鉱山鉄道（上部鉄道）が、平野部では港までの下部鉄道が開通。途中、索道を介して鉱山から港まで近代的輸送体系が整った。

生産体制の近代化が進む中、支配人伊庭貞剛は煙害問題解決のため「自利他利公私一如」の精神で奮闘努力する。対策は、荒廃した山への植林と、汚染源である製錬所の移転が中心だった。毎年200万本近い植林は目に見えた効果があったが、移転は想定外の結果を生んだ。

煙害は煙そのものをなくすしかないと、伊庭は製錬所を新居浜の北20キロに浮かぶ無人島四阪島へ移転することを決意し、1895年に4島を購入する。製錬所稼働に先立ち、1899年自家用電力の使用を開始。1901年には四阪島私立住友尋常小学校を設立。試験操業を開始した1904年には、四坂郵便局も開設。1905年に至ってようやく製錬所が本格稼働し、煙害問題は解決かと思われたが、伊庭の努力は報われなかった。

孤島を取り巻く空気中で雲散霧消し無害化されるはずだった亜硫酸ガスが、隣の大島はもとより四国本土まで流れていき、かえって煙害が広域化してしまったのだ。

1910年、周辺住民と会社の間で第一回煙害賠償契約が結ばれた。1914年、鉱煙希釈装置として6本煙突が設置された。1915年、島の人口は5500人を数える。6本煙突により、さらに煙害が広まったため、1917年に使用中止。1924年、シンボル的存在となった大煙突が完成。その後も、最新技術を導入するなどして煙害対策に努めたが、抜本的解決には至らなかった。

1929年、排煙を原料にした世界初のペテルゼン式硫酸工場の稼働により実害はなくなる。1933年、アンモニアの中和による最終的解決を目指して、実験を開始。1938年、中和工場の試験操業開始。翌年、微量亜硫酸ガスを完全に回収するため造られた中和（排煙脱硫）工場の完成を待って、煙害はついに克服されることとなった。

戦後も様々な製錬が行われ、昭和30年代には人口が4000人近くに達したこともあったが、貿易自由化などの影響もあり本流の銅製錬は1968年に一度中止し、翌年復活する。銅製錬の中心は、1971年に完成した東予製錬所へ移行。

1973年、四阪島誕生の源流となった世界でも稀な長寿を誇る別子銅山も、採掘場所の深さが海面下1000メートルにおよび、地圧が増大した上に地熱の上昇も激しくなり、安全操業が危惧されるようになったため、ついに閉山。283年間の総出鉱量約3000万トン、産銅量は65万トンだった。

四阪島の銅精錬も、1976年に中止。1977年、通勤体制に移行。1981年から老朽社宅の解体や焼却がはじまる。

1987年5月、完全通勤体制が確立され、四阪島の有人島としての歴史に幕を閉じた。

連絡船から上陸する通勤者

⑯林業関連遺産（屋久島・鹿児島県屋久島町）

原生林に覆われたイメージを漠然ともつ人も多い屋久島《やくしま》は、極論すれば実は人の手が入り尽くした森だ。現在、畏敬の念をもって命名されている巨大な屋久杉たちは、すらりと直立している京都の北山杉や秋田杉と異なり、どれも個性的な風貌ばかり。

別の言い方をすると、美しい材が取れそうにもないので、放っておかれた巨樹たち、ということもできる。しかし、他にも山中に多数の屋久杉が残されていることはあまり知られていない。土埋木《どまいぼく》と呼ばれる屋久杉だが、島外の人はほとんど意識していないだろう。しかし、目にしたり、購入したりする観光客は多い。

昔は、ずいぶん高いところまで足場を組んで、根回りには斧を入れず美しい材がとれる上の方だけ伐採した。その結果、膨

材を伐り取った痕跡が残る切り株

高い位置で伐採された屋久杉

大な量の巨大な切り株が残されたのだ。一番有名なのは、近年切り株の上にあいたハート形の穴が人気のウィルソン株。屋久島を歩いた人なら、縄文杉登山道周辺でも白谷雲水峡にも、無数の切り株があったこと思い出すだろう。

それらや倒れたまま残されているものを、土埋木と呼ぶ。屋久杉伐採終了後も、ヘリコプターやトラックなどを使って運び出し、銘木として販売している。それを加工したのが、屋久杉の家具や置物、細工物などだ。屋久島の道端などで、時々積み上げられている土埋木を見かけることがある。知らないと薄汚れた朽木に見えてしまうが、実は大変なお宝なのだ。

その土埋木も最近は資源が枯渇気味で、山からの搬出は2015年で終了。一般入札も、2018年で終わる予定だ。中には投機目的と思われる加工実態が不明の購入者もいて、1立方メートル300万円ほどの値が付いたこともあったという。屋久杉の加工協同組合には、その後も伝統工芸用資材として細々と供給が続く予定だが、予断を許さない。遠からず、小笠原桑のように幻の銘材となってしまうかもしれない。

宮之浦川岸に積まれた土埋木

ウィルソン株の中に祀られた祠

ヤクスギランドや天文の森なども含め、屋久島の山中で観光ポイントとなっている場所は、大半が林業遺跡といっても過言ではない。今でも林業盛んなりし頃の面影を残すのが、屋久杉の伐採基地だった小杉谷集落跡だ。縄文杉や宮之浦岳への登山口がある荒川から、トロッコ軌道を40分ほど歩き小杉谷橋をわたると集落跡が広がる。

最盛期は1000人近くが暮らし小中学校もあった小杉谷だが、1970年の下屋久営林署小杉谷事業所閉鎖によって、集落も消えてしまった。現在は、往時の写真を掲げた案内板があり、賑やかだった時代の雰囲気を偲ぶことができる。また、苔むした校門やガランとした校庭、石垣跡、住居跡なども散見される。縄文杉までの行程の半分以上を占めるトロッコの軌道も林業遺産だ。木材だけでなく、集落の人たちも運んでいたという。

屋久島の森といえば、杉があまりにも有名過ぎてそ

小杉谷に残る竈と風呂の跡

小杉谷小中学校の校庭と石垣

小杉谷に残るトロッコ軌道と停車場の跡

の陰に隠れているが、素晴らしい照葉樹林でも知られている。一番のポイントは永田から栗生まで続く西部林道周辺で、海岸から世界遺産に登録されている屋久島で唯一の地域だ。屋久島と種子島にしかないヤクタネゴヨウが多い場所でもある。

ツアーに参加して森の中を歩くと、そこかしこに人手が入った跡が次々に現れる。昭和30年代まで盛んだった炭焼きの窯や炭用の木を伐採した痕跡、炭焼きたちの集落の跡。

切り株から今はかなり太くなった枝が、上に向かって四方八方に噴き出すように生えているのは、炭用材伐採後の特徴だ。また、集落跡と思しき場所には、酒瓶や茶わんなどが転がり、当時の生活の臭いを感じさせてくれる。

一見手つかずの自然にあふれているように感じられる屋久島の森で、自然と人間の関わりに思いを馳せてみるのも悪くないだろう。

屋久島西部林道沿いの集落跡

屋久島西部林道沿いの炭焼き窯跡

⑰硫黄鉱山跡（中之島・鹿児島県十島村）

屋久島と奄美大島の間に連なるトカラ列島は、まだ地味な存在なので目立たないが、トカラ富士の愛称をもつ中之島の御岳は、屋久島の宮之浦岳、利尻島の利尻富士、佐渡の金北山に次ぎ、離島の最高峰では4番目に高い。標高は979メートルで、もう一歩で1000メートルに手が届く高さ。冬は冠雪することも珍しくない。

山頂周辺は草がまばらに生える荒地になっているので遮るものがなく、天候に恵まれれば見晴らしがすばらしい。屋久島から悪石島までぐるりと見わたせる。一方、火口の中に目を転じると、火口壁内側斜面の3、4ヶ所から噴煙が上がっている。活火山ではありきたりな光景だが、それ以外にも不思議なものが潜んでいる。

火口原の一端を占める幾重もの雛壇状になった地形は、明らかな人工物。一つの段の上に、さらに幾筋もの線が走っている。かなりの規模だ。硫黄を採取していた遺構だ。

下界へ戻って歴史民俗資料館の館長に聞いたところ、硫黄の採取方法を教えてくれた。筋状に見えるのは低い石垣で、石垣間の溝の上をさらに石で覆い硫黄ガスが通り抜けるトンネル状の装置をこしらえ、しばらくそのままにしておく。すると、覆った石に結晶化した硫黄がびっしりと付着するので、それを掻き落として集めたという。また、火口内から硫黄を搬出した山道や軌道跡、トンネルなどが辛うじて残っているらしい。誰かそんな産業遺産をめぐるツアーを企画してくれないだろうか。

『十島村誌』によれば、中之島でいつ硫黄採掘がはじまったのか定かではないが、税収から明治43年度には操業していたことが分かるという。

ただし、これは現在の三島村（硫黄島でも硫黄採掘がおこなわれていた）を含めてだが。

――大正初期の硫黄生産。当時、中之島と硫黄島に4つの鉱区があり、盛んに採取されていた。「中之島の御岳・硫黄島の硫黄岳は、いずれも噴火山にして常に硫烟を噴出し硫黄の採掘頗る盛んなり」と、位置及び地勢の項の中で述べられている。（村誌より）

戦前は、硫黄採掘のため本土から2社進出していたが、戦況が悪化すると人手もなくなり、硫黄の採掘は中止されてしまった。

中之島御岳の火口、右手の段々が硫黄採取施設

⑱銅鉱山跡（宝島・鹿児島県十島村）

宝島で、金が出る。

なんてことになれば、まさにおとぎ話の世界だ。

ところが、『十島村誌』には「戦前は銅の採掘をし、精錬していた。戦後は金の試掘もなされた」とある。さらに、宝島の採掘権という表には「場所：宝島、登録年月日・目的とする鉱物名：金鉱・銀鉱・銅鉱・鉛鉱・亜鉛鉱、出願者：笹川良一」という記述も見える。日本政界の黒幕にして慈善事業家として名高かった笹川良一が、宝島の金山にまで関わっていたとは。

島に住む友人の牧口さんに聞くと、金山跡は分からないが銅山跡ならと、牧場を通り抜けた西海岸の鷲ヶ崎へ連れていってくれた。

「ああ、これがそうだったと思う」

牧口さんが指さした先には、明らかに人が掘ったとしか思えない穴があった。ほぼ垂直に掘りこまれた竪穴になっている。鉱脈にそって

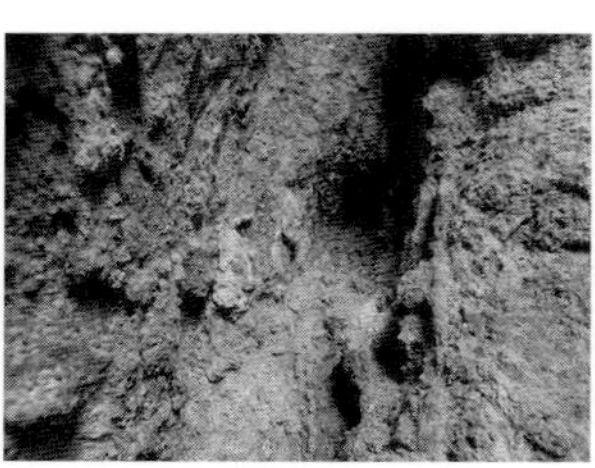

竪穴の中で見つけた鉱脈。宝島

掘ったらしい。2メートルほどの深さなので入ってみると、岩肌にノミの痕らしきものがはっきりと残っていた。

周辺には、そんな穴がいくつもあった。人工的な広い窪地もあり、採掘の際に出た屑石がたくさん転がっている。

鉱山の名残を求めて屑石をひっくり返していたら、鉱滓らしきものを見つけ確信を深めた。

銅鉱石や溶鉱炉跡は見つからなかったが、宝島で鉱山跡を確認できて満足だった。

金山に関する記録はともかく、記憶はしっかり残っているようで、宿主の松下さんは、

「金山からは金も出て含有量もまあまあだったらしいが、島外への輸送コストが高くつくので、本格的に掘ることはなかったようです。小学校4、5年生の頃ですよ。クルマが初めて島へ入ってきたのは。金山用の2トントラックで。乗せてくれ、って追いかけて。たまに、子どもたちを乗せてくれた。それは、嬉しかったですよ。島外から7、8人きていて、現地雇いで島の人が4人くらい働いていた。24時間操業だったと思います」

銅鉱を採取したと思われる竪穴

銅山跡で見つけた鉱滓らしきもの

⑲日本初白糖工場遺跡（奄美大島・鹿児島県奄美市他）

黒糖と言えば沖縄や奄美、特に黒糖焼酎の唯一の産地である奄美を思い出すのではないか。では、洋式の白糖が日本で最初に製造されたのは、どこなのか。

意外にも江戸時代の奄美大島だった。しかし、原料はたっぷりあっても、技術や資金が当時の奄美にあったのか。薩摩藩主島津斉彬がはじめた西洋の進んだ技術を積極的に取り入れ消化していった集成館事業の一環として、薩摩藩が奄美に白糖工場を建設したと知って、納得した。

１８６５年、著名な政商トーマス・グラバーが白糖工場建設を請け負うことになり、奄美大島にわたる。グラバーは、後に大阪の泉布観や銀座煉瓦街を手がけて日本建築史に名を刻む総合的建築技術者トーマス・ウォートルスと白糖製造技師マッキンタイラーを雇って、白糖工場建設に取りかかった。名瀬の金久、瀬戸

慶応年代の白糖工場跡という案内板の後ろに積まれた白糖石

精白糖工場の礎石を使った花壇

内の久慈、宇検の須古、竜郷の瀬留の4ヶ所に工場を完成、稼働させる。しかし、時代の混乱などのため次々と閉鎖されて、最後まで白糖製造をしていた久慈の工場も、1871年に廃止されてしまう。

現在、白糖工場の痕跡を辛うじて探ることができるのは、名瀬の工場があったとされる蘭館山の麓周辺だけ。黒糖焼酎を造っている富田酒造の脇に「慶応年代の白糖工場跡」という案内板が建っているが、その後ろに積まれているのが白糖石（白糖工場建設のため鹿児島から運び込まれた凝灰岩）だという。また、醸造所周辺の住宅何ヶ所かで石塀や石垣に白糖石を使っていると、富田酒造の社長に教えられ訪ねた。

また、富田酒造前の水路は、外国人居留区でもある精白糖工場と一般住民を隔てる役割も担っていたとか。水が足りなかったので、水路を造って引いたらしい。

ようやく2016年になって、建物は90メートル×27メートルの大きさで、7本の煙突を備えていたという久慈に造られた大規模な白糖工場の発掘調査がはじまり、煉瓦積みの遺構などが発見された。また、刻印からイギリスや植民地、あるいは地元奄美で焼かれたと思われる煉瓦も見つかっている。今後、どんな全貌が浮かび上がってくるのか、楽しみだ。

わが国初の精白糖工場の礎石を利用した石垣

⑳サトウキビ列車関連遺産（南大東島・沖縄県南大東村）

無人島だった南大東島に開拓者が入ったのは、19世紀最後の年に当たる1900年になってから。それも、八丈島出身の開拓出願者玉置半右衛門の募集に応じた、八丈島の人たちだった。その後、玉置商会、東洋製糖、大日本製糖と支配会社は変わったが、住民自治制がない特異な地域として存在し続けた。以下、『南大東村誌』からの引用だ。

——学校、病院、陸海の交通、通信、郵便に至るまですべて会社が支配し、巡査も会社の要請による請願巡査であった。また、流通紙幣も会社発行の「物品引換券」が使用されるなど、さながら会社王国ともいうべき治外法権の島であった。

——村制もしかず、代議士の選挙権はあるが、県会議員の選挙権はないという、日本国中でも類例のない島として資本家の独占重圧下に、独特な封建社会が現出していた。

ようやく1946年になって村制が敷かれるが、会社が個人の土地所有権を認めたのは、東京オリンピックが開催された1964年になってからだった。

サトウキビ列車が走るようになったのは、いつなのか。玉置時代の1902年には、すでに軽便手押し鉄道（トロッコ）が村の中心と港をつないでいたという。しかし、本格的な鉄道が敷設運行されるようになったのは、支配権が玉置商会から東洋製糖に移った後の1917年だった。

東洋製糖は、次々と7路線を開通させ、路線総延長は28・3キロに及んだ。同時に、蒸気機関車（SL）3台、ブレーキ台車5台、サトウキビ運搬用の5トン積載台車162台を導入。SLは1号車がドイツ製で9トン、2・3号車は12トンのイギリス製だった。その後、東洋製糖から大日本製糖に支配権が移ると、さらに2路線が増設され路線総延長は31・1キロに達した（当時4路線あった、沖縄県営鉄道の総延長でも48キロ）。また、会社の幹部や賓客専用の特別客車2台（一般人は台車にただ乗り）も導入された。

各圃場で刈り取られたサトウキビは、ポイントと呼ばれる駅（集積所）に牛車で運ばれ、ここで専用の台車に積みこまれた。

積み師と呼ばれる荷積み専門の人もいて、多いときは5トン積載の台車に7トンくらい積んだ。いかに早

右手下に線路が残っていた

く、きれいに、しかも荷崩れしないように、たくさん積むかが腕の見せどころで、熟練の技だったという。

それほど重宝されていた鉄道が廃れてしまったのは、維持管理が大変だったから。大東製糖は、１９７９年ジーゼル機関車（ＤＬ）を導入し合理化を図ったが遅かった。１９８２年から一部トラック輸送を開始し、翌年すべてトラックへ切り替え、サトウキビ列車は消えた。

かつて走っていた列車が屋外に展示されていると聞いて、ふるさと文化センターに向かった。訪ねる途中で明らかな鉄道の名残と出会った。隆起サンゴ礁の石灰岩がたっぷりと使われた、倉庫らしき建物。かなり大きいが、黒い板壁と白っぽい石壁が調和して、落ち着いた雰囲気を醸している。

倉庫のある広場の道路を挟んだ反対側には、屋根のついた高いゲートがあった。ゲートの向こうからのびる道が、ちょうど大きな倉庫に収まるような位置関係。

放置された機関車

機関車の運転台

これは、機関庫かもしれない。裏にまわると、DLらしきものの残骸が放置されていた。それも、全部で4台。車両の下には、赤褐色になったレールも残っていた。

日本車輌と記されたものや、加藤製作所の文字が読み取れる車体もある。ドアのとれた運転室、夏草に覆われた車体、粉々に割れた窓ガラス。周囲には、車体の一部だったと思われる、錆びた鉄片が散乱していた。さらに探すと、レールや車輪、切り替え用のポイントなどが、続々と見つかった。この一帯は、かつての操車場だったのだ。今はそれも見ることはできないが。

センターまで行くと、蒸気機関車と客車1両の1組と、DLとサトウキビ運搬車両が1組並んでいた。車体はきれいに塗装され、展示場の上にはちゃんと屋根まで設けられている。さっき見た野晒しのDLたちと、何という待遇の違いだろう。

加藤製作所で作られたと思われる機関車

㉑燐鉱貯蔵庫跡、燐鉱採掘跡（北大東島・沖縄県北大東村）

台風の進路予想の常連南大東島と、すぐ北側に浮かぶ北大東島は兄弟のような島だ。両島とも、八丈島出身の実業家玉置半右衛門の会社が開発している。

島の開拓者玉置商会は、当初から北大東の燐鉱資源（燐酸アルミナと普通燐鉱の2種類が採れる）に目をつけ、砂糖は従と考えていた。1908年燐鉱採掘計画を立て、1910年に掘り始めたが、翌年には中止してしまう。採掘技術が未熟だった上に、北大東の燐鉱はアルミナの含有量が多く、精錬の経験者がいなかったためだ。

その後、1937年には、北大東の燐酸アルミナを使って、アルミニウムも作られるようになったほどの品質だった。

第一次世界大戦が勃発し、燐鉱の価格が暴騰すると、玉置から支配権を引き継いだ東洋製糖が、1919年5月に本格的な採掘を開始。しかし、過燐酸肥料に適した普通燐鉱ではなく燐酸アル

燐鉱貯蔵庫跡

ミナが多かったので、肥料会社に利用法の研究を依頼した。成果はすぐにでて、翌年２月、東京に新技術を応用した新たな肥料会社が設立された。その間、１９１９年11月には、黄金山付近で普通燐鉱の露頭も発見され、採掘がはじまっていた。

北大東の燐酸アルミナは、含有量20％以上のものだけで、１６５万トンと推定された。その上品質も極めて高く、世間に注目されるようになる。以後、戦況の悪化が明らかになるまで採掘量は増えていった。１９２５年までは１万トン前後で推移し、ピークの１９４２年には７万トンを超えた。１９４５年はさすがに１８００トンに落ち込むが、戦後もアメリカ軍主導のもとで採掘は続いた。

採掘現場にやってきたアメリカ軍は、大型機械を持ちこんだ。しかし、島の実情にあわない機械たちに、活躍の場はほとんどなかった。各地に集積されていた手掘りした低品位の燐鉱をブルドーザーで集め、スクレイパーで運搬した程度だった。

その後、アメリカ軍は、貯鉱場から桟橋までの運搬方法をベルトコンベアー式に改造しようと、これまで燐鉱をトロッコに積みこむために利用していた貯鉱場底部のトンネルを破壊してしまう。無理に大型機械を導入したため品質の落ちた北大東の燐鉱が、販路に苦しんでいる時だった。１９５０年９月採掘は中止され、その後鉱山が復活することはなかった。

トロッコのトンネル

㉒銅鉱山跡（屋嘉比島・沖縄県座間味村）

2014年、新たな国立公園として独立した慶良間諸島《けいらましょとう》は、美しい海中景観が世界的に有名だ。しかし、そんなサンゴ礁の島々に銅鉱山があり、採鉱されていたことはほとんど知られていない。

『座間味村史』をひも解くと、慶良鉱山について以下のように記されている。

――明治初年、旧琉球藩主、鉱山開発の着手したりしが、其後数人の手に渡り大正九年銅価下落にて事業を中止せり。昭和十一年八月、南洋鉱業株式会社、全島の開発に着手、採鉱を行い、昭和十三年六月ラサ工業にて之れを買収し、昭和十四年十月より営業開始（以下略）。

1936年の秋には、最初の鉱石を香川県の直島精錬所に直接機帆船で送り、翌年には機械掘削を開始した。戦争が激しさを増すと空襲を受け物資が不足し、1945年になるとほとんど操業できなくなる。戦後、鉱山再開の話も浮上したが、実現しなかった。

「かなり品質のよい鉱石だったようです。これが現物です」

郷土史に詳しい宮里芳和さんが、豆腐ほどの大きさの黒っぽいズシリと重い石を見せてくれた。宮里さんがハンマーで叩くと、欠けた場所から淡い金色の煌きが見えた。最初、金と間違えた人がいたらしいが、それも無理はない。

　宮里さんと一緒に、座間味島から小船で屋嘉比《やかび》島へ15分ほどかけてわたった。潮が引いて浅くなったサンゴ礁の上に、船の舳先から飛び降りる。小さな岬をこえると、広々とした浜が続いていた。はずれに桟橋らしきものがあり、その果てにやはり銅山のあった久場島が浮かんでいる。

　浜の南端近くで、宮里さんが藪の切れ目に潜りこんだ。1分も歩くとコンクリートで固められた、大きな四角い穴があった。かつての沈殿池。明らかな人工物ははじめてだった。草を掻きわけながら、さらに急斜面つけられた小径を登る。途中、生い繁った草木の合間に、コンクリートの壁や柱、斜面などが散見された。日光乾燥場や選鉱場の跡らしい。

　最後に浜の南端に残る桟橋までいった。かなり立派で原型をよくとどめている。サンゴ礁に突き

銅山搬出桟橋

でた先端には、太い丸太が埋めこんであった。強い日射しを浴びて白々と光っている。艀に鉱石を積むため使ったクレーンの根元だろう。

廃鉱探検の翌日、阿嘉島へ鉱山で働いていた金城英盛さんに会いに行った。金城さんは、尋常高等小学校を卒業後、慶良鉱山に職を得た。

「まじめに志願兵となった同級生は、だれも帰ってこなかった。ぼくは、志願しなかった。生きていてよかったさ」

当時（昭和10年代の半ば）、銅山では圧搾空気を利用した削岩機をつかっていた。金城さんは最初別の仕事をさせられたが、志願して鉱山会社の船員になる。

「物資を運搬するため屋嘉比と沖縄本島の間を、往復していた。本島までディーゼル船で4時間（現在1時間）かかったさ」

主に、本部半島から坑木を運んだという。

「当時、屋嘉比島には3000近く、南隣りでやはり銅山があった久場島（現無人島）にも1000人くらいおったかな。屋嘉比には小中学校が、久場にも小学校があった。屋嘉比の学校は、当時座間味で一番大きかったさ」

役場の資料と数字は異なるが、統計に載らない人がたく

桟橋先端に残るクレーンの残骸らしき遺構

さん住んでいたようだ。島の食糧事情は、よかったという。

「売店もあったし、食堂はヤカビとマルゼンの2軒があった。中心はメリケン粉で、沖縄そばをつくった。それから、麦と玄米。途中から豆腐屋をはじめた人もいた。野菜は自給自足だったが、阿嘉できたものを運ぶこともあった。屋嘉比では米もつくっていたよ。周辺で獲った魚を、浜へ売りにくる人もいたさ」

鉱山というと殺伐とした雰囲気を連想するが、食べ物の話だけ聞いていると戦時中とは思えないのどかな風景が広がった。

銅山搬出桟橋

㉓炭坑関連遺跡（西表島・沖縄県竹富町）

どこまでも続くマングローブや深い森とイリオモテヤマネコ。周辺をとりまく美しいサンゴ礁の海と色鮮やかな生き物たち。そして、数百年続くといわれる節祭（シツィ）などの伝統的な神事。西表島といえば、そんなイメージが湧くのではないか。

しかし、炭鉱の島という別の顔ももっていた。炭層があったのは西表でも西側で、浜辺をよく観察すると真黒な石が落ちていることがある。石炭と思って間違いない。

江戸時代、今は廃村になった成屋というところで、焚き火のそばの石垣が燃え出したために発見され、モヒルイシ（燃える石）と呼ばれていたという。

「森の中に、小学校や病院、劇場まである大きな村もあった。カンビレーの滝に行く途中の森の中に、今も跡が残っているさ。無人島の内離や外離にも、炭坑がいっぱいあったんだ」

と、かつて民宿の主人に教えられたことがあった。何回か遊覧船で川を溯ったあの密林の奥に、劇場があったなんて、想像するだけでもワクワクする。

西表島に着くと、まず石炭の積出港として栄えた白浜へでかけた。目の前には、大昔炭鉱で賑わったという内離島が立ちはだかっていた。

ちょうど船浮と白浜を繋ぐ連絡船が入ってきたので、船浮に炭坑時代のことを知る人がいないか、船長にたずねてみた。小さな資料館があって、そこの館長が詳しいという。慌てて、船浮へ折り返す船に飛び乗った。

館長の池田豊吉さんは、急な訪問者を快く迎えてくれた。資料館の前には、大きな石炭の塊がいくつも置かれていた。

「内離島《うちばなりじま》から運んできたんですよ」

館内には、西表炭坑の歴史や船浮要塞の全貌などが、地図や古い写真を多用して分かりやすく展示されていた。池田さんは、1939年生まれ。父の稔さんは、1936年から敗戦まで南海炭鉱で事務員として働いていたというので、古い写真や資料が残っていないか聞いた。

「戦後、炭坑切符(炭坑内でのみ通用する金券)も書類も、みんな燃やしてしまいました。炭坑切符だ

内離島に残る桟橋の積石

けは、何枚かもらって取って置いたのですが、人にあげてしまいました」

「石炭が本格的に採掘されたのは、1886年三井物産によってです。坑夫※として囚人も送り込まれました。このことからも、国策としてはじめられたことが分かります。しかし、マラリアの被害が大きく、間もなく採炭を中止してしまう。その後、大倉組がやってきました。沖縄県で最初に税関ができたのも、那覇ではなくここでした。西表の石炭を中国や台湾に輸出するためです」

「大正から昭和にかけての最盛期は、船浮にも料亭や遊郭がたくさんあったそうです。物資も豊富で、石垣では裸足で歩いていた時代に、革靴を履いていたといいます」

島の中の孤島に、そんな時代があったとは想像もできない。

翌日、西表のことならあらゆる分野に通じている哲人石垣金星さんの小船に乗せてもらい、内離島へわたった。もちろん桟橋もないので、浅瀬に降りて水中を歩くしかない。浜辺にたどりつくと、白いサンゴのかけらと細かに砕けた石炭が敷き詰められていた。

腰にナタとノコギリを帯びた金星さんは、休む間もなく薮の中へ。一度林の中に入ってしまうと薮は消え、見通しが利いた。わずかな平地の奥には、岩壁がそびえている。

「この辺に、南風坂郵便局があったさ」

平らな土地に磁器やビール瓶のかけらが転がっているだけで、建物の礎石すら分からない。ここに西表最初の郵便局が造られ、その後対岸の白浜に移り、今は祖納の西表島郵便

※当時の呼称。現代では「鉱山労働者」のことを指す

局になっているという。

「バルチック艦隊日本接近の報は、崎山（船浮の西にあった廃村）の住民から南風坂に伝えられ、信濃丸に打電されたんだ」

近くには、苔むした砂岩で囲まれた井戸がいくつもあった。岩壁に四角い横穴が掘られていた。ミカン箱ほどの大きさ。それも5キロ入りていどの小さいものだ。

「坑夫たちの墓さ」

浜辺に降りると、対岸の西表島の海辺に、岩が露出した平らな岬が見えた。

「あそこから石炭を積み出していたさ」

今度は対岸の元成屋に向かった。桟橋として使われていた岩には登りやすいようにステップが切られ、平らな岩の上には直径15センチほどの穴が規則的に穿たれていた。繋船柱が立っていた穴だという。

「炭質がよかったので、この近くではコークスも焼かれていたというさ」

隣の小さな浜を訪ねると、崩れかかった砂の斜面からバレーボールほどの白い塊がのぞいていた。じっくり観察して、

宇多良炭鉱跡の水路に残された石炭運搬用の団平船の残骸

息を呑んだ。塊を三等分するように波形の線がある。頭蓋骨の縫合線だった。

「台風で崩れて出てきたんだろう。墓だったのか、砂に埋められただけだったのか」

金星さんは、そっと手を合わせてから髑髏を取り上げると、近くの岩棚の横穴に安置した。

西表島の炭坑には苛酷な収奪制度があり、多くの坑夫が苦しめられた。疲労やマラリア、中には暴力によって命を落とした者も少なくないという。

一帯は墓地だったらしく、煉瓦できちっと塞がれた横穴もある。横穴に被さる岩に『大正七年六月一五日死、三十三才、平良之墓』と刻まれた立派なものまであった。

地面が不自然な黒みを帯びた窪地は、露天掘りの跡だという。層は薄いが、今でも随所で露頭を見ることができた。

「西表の炭層は薄いので、掘るのが大変だったらしい。普通一尺くらいで、這いながら掘ったことも多かったというさ」

最初の浜に戻ると、潮がかなり満ちていた。

「内離に石の塔があったはずだから、帰りがけにちょっと見てみようかね」

西海岸へ回り込むと、アダンが繋った斜面からカーキ色の塔が頭を出していた。八坑竪坑のケージ（地下

元成屋のジャングルで見かけた墓石

へ人を送り込む装置）らしい。斜め下の崖には、坑口も開いていた。

東海岸にも一つだけ坑口が残っているというので、上陸させてもらった。坑口は、急斜面の奥で底無しの闇を宿し、無造作に開いていた。西側のケージ下のものより、はるかに大きい。入ってみたかったが、暗黒世界の中で坑夫たちの怨念が渦巻いているように思えて、身を投じるのがためらわれた。

その後、西表炭坑随一の規模を誇ったという宇多良《うたら》炭坑を目指した。西表島西部の主要観光地である浦内川の船着き場から、川沿いにはっきりした山道がついている。30分ほど歩くと、樹の根に包まれた煉瓦の塔が見えてきた。煉瓦の塔は、トロッコの道床を支えていた橋脚に当たる部分だった。石炭の屑が散り敷いた地面は、黒っぽい。貯炭場があったところだという。

「宇多良は西表の最優良坑だった。炭層も厚く埋蔵量も多かったので、いろいろな施設ができたわけさ。大

宇多良炭鉱跡に残るトロッコ軌道の支柱

半の炭坑は、せいぜい2、3年で掘り尽くしてしまうので、施設なんか造っている余裕はなかったけれど。多い時は、このジャングルの中に1000人を超える人が住んでいたというよ」

1930年から新たな炭層を探し、1936年から操業がはじまった丸三炭坑宇多良鉱業所は、昭和10年代前半に最盛期を迎え年間5万トン近くを産出したという。ジャングルの只中に、忽然と大きな村が現れたのはその当時。しかし、戦況が悪化すると労働者は出征し、石炭輸送も困難になり、1943年操業を停止する。

宇多良炭鉱は2007年日本近代化産業遺産群の一つに認定された。現在は木道と柵が整備されて歩きやすくなったが、以前のように勝手気儘に歩き回ることはできない。

宇多良炭鉱跡に残る遺構

㉔元ニシン番屋（礼文島・北海道礼文町）

日本でもっとも有名なユースホステル、桃岩荘ユースを産業遺産と呼んだら不思議に思う人がいるかもしれない。しかし、実は歴とした北海道漁業史を代表するニシン漁の生き証人なのだ。

アイヌたちの伝承は別にして、和人の歴史の浅い北海道の離島には、産業遺産に該当するものは少ない。その中でも、島々の開拓に関わった人たちの動きを見ると、ニシンを求めて島まで進出したことが分かる。

しかし、漁業の痕跡は残りにくい。往時を偲ばせるのは、たまたま残された漁具類や、季節労働者が寝泊まりした番屋、大儲けした網元の邸宅ニシン御殿くらいだろう。それでも、数えるほどだ。その貴重な番屋の建物を開放したのが、桃岩荘ユースなのだ。

後の桃岩荘ユースと思われる番屋、中央右。礼文町郷土資料館所蔵

礼文町郷土資料館の展示資料によると1947年8月当時、島にはニシン定置網だけで51ケ所（他に、イワシ定置網が17ケ所、ホッケ定置網が7ケ所）あった。他に、刺し網でもニシンを獲ったそうだから、いかに多くのニシンが水揚げされたか想像に難くない。しかし、1955年頃を境に、ニシンはピタリとこなくなった。

ニシン漁に従事していたやん衆たちも網元たちも、これには困り果ててしまった。桃岩荘ユースのオーナー柳谷秀一さんの父秀勝さんも大打撃を受けた一人で、網元という立場に見切りをつけ東京へ出た。

なかなか目が出ないでいた1964年、柳谷さんの番屋の面倒を見ていた親戚が倒れて、礼文島へ帰らざる得なくなった。そして、2年後に許可が下りて、全国唯一のニシン番屋のユースホステルが誕生した。

「父には先祖から受け継いだ番屋を自分の代でなくしたくないという想いが強かったのだと思います。父は66歳で亡くなりましたが、その想いが分かるので特に頼まれたわけではないが引き継ぎました」

以前から明治時代に建てられたと聞いていたが、文書で残されたものはなかった。しかし、補修したときに壁の裏から目張りの新聞がでてきた。そこには、1906年1月、西園寺公望が内閣総理大臣に任命された時の記事が載っていたので、恐らくそれと同じ頃に建てられたはずだという。

「床や梁、屋根を葺いていた柾目板などは、青森のヒバです。向こうから、家大工、宮大工、木挽き大工、鍛冶、石工などが組んできて、番屋を造りました。垂木は、礼文島の原生林から伐りだしてきた松を使っています」

現在、桃岩荘があるあたりには、番屋建設当時にはアイヌたちの家が数軒あったという。地面を掘りくぼめ、その上に茅葺き屋根をかけたような家で、竪穴住居を思わせる外観だったらしい。

礼文島にアイヌしか住んでいなかった時代は、島は現在とは対照的に鬱蒼とした原生林で覆われていたが、明治時代だけでも7回ほど起きた大火事で、今のように森がほとんどない、クマザサに覆い尽くされた姿になってしまった。クマザサの下から伸びてくる樹木の芽は、それ以上高くなると強風に煽られて傷むため、ほとんど生長することができない。現在、昔の姿を取り戻すため植林が進められているが、往時の森を復活

南側から見た桃岩荘ユースの外観

させるにはまだまだ長い年月を要するという。

「内地では瓦屋根が多かったけれど、北海道では柾屋根がふつうでした。それでなくとも冬になると雪の重みがかかるので、できるだけ軽い屋根にしたかった。だから、柾屋根は理にかなっていたんです。この家を見ていると、先祖の知恵のすごさを改めて感じます」

合掌造りの温かみのある梁は、手斧で仕上げてある。歪んで補強した柱は、板で囲って隠していた。礎石の上に柱が立っているだけで、コンクリートの基礎工事をしていないから、湿気を呼んで腐ることもなく、ここまでもっているという。

以前訪れた時は濃密に漂っていた煙の匂いが、全くと言っていいほどない。

「もう、20年以上囲炉裏で火を焚いていません。薪から炭に切り替え、それをやめてから20年くらいになる」

宿泊者が、衣服などに煙の匂いが着くことを嫌うので、火を焚くのはその年の最終日1日くらいで、後は焚いていないという。ちなみに、桃岩荘ユースの営業は6月1日から9月30日までの4ヶ月のみだ。

秀一さんは、建物に愛着はあっても執着は感じていない。使ってこそ建物で、使ってあげないと意味がないと思っている。もし、情熱をもって継ぎたいという人が現

桃岩荘ユースの梁

れれば、他人でも譲るつもりもあるし、もしユースとして使われなくなった後、どこかの財団などが責任を持って保存してくれるなら任せるつもりもある。また、引き取り手がなかったら、壊すことになっても仕方ないと思っているという。

いろいろ難しい問題もあるかもしれないが、できることなら旅人を受け入れる建物として生き続けて欲しい。

桃岩荘ユースの外観

稚内港北防波堤ドーム（北海道稚内市）

日本最北の駅、稚内駅から北へ向かって歩いていくと、右手に稚内港が見えてくる。以前はこの辺りから利尻礼文へ行く船が出ていたが、近年もう少し南の岸壁から出航するようになった。

さらに北上すると、海岸に沿って細長く続く灰色の構築物が現れる。

近づいていくと、多数の柱が連なりアーチ形のヴォールト構造をもった、古代ギリシャ神殿や古代ローマ遺跡を連想させるような巨大建造物だった。

稚内港とここまで乗り入れていた鉄道駅、そして乗客をを守るために造られた、稚内港北防波堤ドーム。現役の構築物は、北海道遺産や土木学会選奨土木遺産などになっている。高さ14メートルほどの柱が70本、427メートルに亘って連なるさまは壮観だ。

北防波堤ドームの内側

１９２３年、稚内と樺太の大泊（現コルサコフ）を結ぶ稚泊連絡船が就航。それから８年後、北海道帝大を卒業して間もなく稚内築港事務所に赴任してきた若き技師土屋実は、当時最新の鉄筋コンクリート技術に通じていたことから、所長に多目的な防波堤を設計するように命じられる。

　短期間で設計を終え、１９３１年に着工した防波堤ドームは、５年の歳月を経て１９３６年に完成する。１９３８年には、ドーム内まで線路が延伸され、樺太へ向かう人たちは、その便宜に与るようになった。

　１９７８年から３年かけ全面改修が行われ、防波堤ドームはさまざまなイベントが行われる空間として生まれ変わった。

　とはいえ、今も現役で防波堤の役割はきっちりと果し続けている。海上から見ると、いかにも堅固な造りであることがよく分かる。利尻礼文に行く船上から見ることができる。

海から見た北防波堤ドーム

㉕サムエル・コッキング苑（江の島・神奈川県藤沢市）

狭いながらも歴史ある見どころから最新のグルメまで揃い、さらに雄大な自然も感じられる江の島。その頂上周辺に、かつて広大な植物園（庭園）があったことは、最近になって広く知られるようになった。

アイルランド生まれでイギリスの貿易商であったサムエル・コッキングは、１８６９年に来日して横浜でコッキング商会を設立。骨董品や雑貨などとともに、植物の取引も行っていたという。

日本人女性と結婚後、妻の名義で江の島頂上部の土地を江島神社から購入して別荘を建てる。さらに、頂上部の広大な土地を再び江島神社から譲り受け、大きな庭園の築造をはじめ、１８８５年に完成を見た。

苑内に今も残る株立ち状態で生えているタイミンチクや、南洋杉の仲間であるクックアローカリアなどの珍しい植物は、当時コッキングが持ち込んだものといわれて

サムエル・コッキング苑のタイミンチク

いる。

庭園は西洋の回遊式でありながら東洋趣味を反映したもので、大規模な温室は東洋一だった。基礎は赤煉瓦造りで、石炭を燃料とした蒸気スチームで暖める構造となっていた。また、水道が整備されたのは1926年だったため、当時は雨水を貯めて利用する循環設計もされていた。莫大な私財を投じて造られた画期的な温室だったが、1923年の関東大震災によって上屋はすべて倒壊し、壊滅的な打撃を受ける。

1949年になって藤沢市が庭園跡地を整備して江の島植物園を造った際に、遺構は埋められてしまい、その存在は長らく忘れられていた。しかし、2002年のリニューアル工事に際して再発見される。

温室の遺構は、南北に長い温室3棟の基礎と東西に長い温室の基礎、西洋風のシンメトリーな形をした池、温室の北側に設けられた付属施設であるボイラー室、燃料を入れた貯炭庫、植物や暖房のために水を蓄えた貯水槽、温室と付属施設を結ぶ地下通路、冷たい風を遮るための

サムエル・コッキング苑の温室遺構

防風壁や集水用陶管などからなっている。

温室とボイラー室、貯炭庫は、T字形に設置された地下通路によってつながっていて、往来できるようになっていた。地下通路の途中には、アクアリウム（水槽）が2ケ所設けられ、水棲の動植物を飼育していたと思われる。

地下通路は幅1メートル、高さ1・9メートルで天井はアーチ型をしており、明り取りのため天窓も造られている。東西に長い温室は、他の3棟の温室と構造が異なり、中央部分に地山を残した造りになっている。

貯水槽は巨大で、幅約4メートル、長さ約12メートル、高さ3メートル〜3・2メートルもある。天井は鉄骨で補強されたアーチ型をしており、アーチは9個連なっている。庭園や温室にとって水は欠かせないので、コッキングは温室の屋根に降った雨水を全て利用できるよう、それぞれの温室に集水用の枡を設け、接続された陶管を通って雨水が貯水槽へ導かれるように設計している。

貯水槽には、空気抜けの穴や貯水量を測るための設備もあり、現在でも貯水槽として十分に機能するという。

陶管は、大・中・小の3種類が使用されており「肥田製」と刻印があるものは、愛知県の常滑で焼かれたもの。

温室とボイラー室・貯炭庫をつなぐ地下通路

ボイラー室は、東側に接している貯炭庫と地下でアーチ型の入口によってつながっており、ボイラー室と温室は地下通路で連絡している。外壁には煙突らしき煉瓦構造も見られる。ボイラー室で造られた温水や蒸気は、鉄管や鉛管を通じて各温室や池をめぐっていた。その鉄管や鉛管が、ところどころ地面に顔を出している。

貯炭庫の2つのアーチ型天井に、燃料を投入するための穴が設けられている。1897年の「植物学雑誌」の記述から、温室には蒸気の暖房施設があり、温室内は24度内外に暖められ、ランやサボテンなどの植物を栽培していたことが分かる。

池は、近年まで使われていたという。コッキングはこの池にも暖房用のパイプを通し、オオオニバスなどの熱帯でしか生息できない植物や動物を育てていたらしい。

煉瓦造りの温室遺構としては、現存する唯一のもので近代の文化遺構、土木技術の遺産として非常に貴重なもので、「サムエル・コッキング温室遺構」として保存公開されている。

サムエル・コッキング苑の温室遺構

㉖阿古集落跡（三宅島・東京都三宅村）

三宅島はたびたび噴火を繰り返し、そのたびに被害が出たり島外に避難したりを繰り返している島だ。そんな中にあっても、溶岩で埋め尽くされた元阿古集落は、火山列島に住む自分たちはどんな危険性と向かい合って生きているのかを示唆してくれ、感慨深い。

遺産という言葉で括るのは申し訳ないと思うが、機会があれば元阿古集落の光景を一度目にし、その上を歩き、自分なりに考えて欲しい。

以前聞いた、当時阿古小学校の校長先生だった窪寺さんの話が思い出される。

「昭和58年10月3日の噴火の時、私は阿古小学校にいたんですよ。ポッポッと白い湯気が上がってしばらくすると、窓がビリビリ震えたんです。その時は砂粒が噴き出してい

半ば熔岩に飲み込まれた阿古小中学校の校舎

るように見えた岩は、人が抱えきれないくらい大きなものでした。それが、ポーンポーンですよ。小学校は大丈夫、と言われていました。私も、まさかここまで熔岩はくるまいと思っていたら、アッという間に迫ってきて、慌てて重要書類をもって漁船で避難したんです」

至るところ火山の痕跡だらけという島にあっても、阿古は噴火の多発地域で、火山にまつわる神社がたくさんあるという。火戸寄神社など、名前からしていかにもそれらしい。

「八十八司神社は、噴火した場所に次々と神社を祀っていったところ、あまりにも多くなり過ぎたためこの1社にまとめたものです」

噴火常襲地帯らしい、なんとも凄まじい話ではないか。

窪寺さんが、

「以前、阿古のオバァさんから『阿古には池があったが、阿古の衆が水を汚したので、神様が怒って一晩のうちに池をよそへ移してしまった』と聞いたことがあったが、新澪池の爆発を経験して、伝承のもつ内容の重さには驚くべきものがあると思いました」

溶岩の中に埋もれたクルマ

㉗観測施設［作業架台］（沖ノ鳥島・東京都小笠原村）

中国の海洋進出などに伴って、国際的な海洋権益の問題が注目を集めるようになり、日本最南端の沖ノ鳥島も広く知られるようになった。北回帰線の南に位置する、わが国唯一の熱帯の領土だ。

チャーター船で那覇港を出航して3日目の10時15分、あと30分で沖ノ鳥島に到着するという船内放送があった。

甲板に出ると、１９８７～９３年にかけて小島保全対策工事を行った時の作業架台（１９８８年８月設置）が、水平線にポツンと見えた。

海が心もち穏やかになっているのは、絶海の環礁である沖ノ鳥島の防波堤効果だろうか。目を凝らすと、ラグーンの中に浮かぶ北小島と東小島を防禦している防波堤も確認できる。

この２つの小島を擁する沖ノ鳥島によって確保されている排

作業架台、右奥が東小島、手前左は観測所基盤

他的経済水域は約40万平方キロで、我が国の全陸地面積38万平方キロを凌駕する。

沖ノ鳥島の保全工事には285億円、また観測所基盤復旧工事には495億円かかったそうだが、それだけの価値があっただろう。

60メートル×80メートルの作業架台の上には鉄筋3階建ての観測施設が設けられ、監視カメラで周辺海域に異常がないか常時チェックするとともに、気象や周辺海域の海況の観測もしている。

また、作業架台の上にはヘリポートもあり、2007年からは太陽電池を利用したLEDによる沖ノ鳥島灯台が稼働しはじめ、沖合12海里まで照らして航行する船の安全を守っている。

沖ノ鳥島保全は国土交通省関東整備局京浜河川事務所が担当していて、年に2回現地に赴き保全工事をしたり、様々な調査観測を行っている。

厳しい環境に曝されている観測施設は老朽化がひどく、現在130億円をかけ建て替え中だ。

東小島を覆うチタン製の網

東小島

㉘長島愛生園旧事務本館（長島・岡山県瀬戸内市）

本州と四国を結ぶ夢の架け橋だった全長12・3キロの瀬戸大橋が、1988年4月に開通した。その翌月、同じ瀬戸内海で本土と島を分かつわずか幅30メートルの海を越える橋が、ひっそりと開通した。邑久長島《おくながしま》大橋。人間回復の橋、とも呼ばれている。1971年に架橋促進委員会ができてから、狭い水路に橋が架かるまで17年もの歳月が流れ去った。長島まで、今はJR邑久駅から定期バスも乗り入れるようになっている。

長島には、長島愛生園と邑久光明園という2つのハンセン病療養施設がある。そのうち長島愛生園は、日本初の国立療養所だった。1930年、「国立らい療養所」として発足。翌年、85人の患者が初めて入所する。

療養所では治療も行われたが、患者を孤島に押し込め隔離するのが第一の目的だった。

1996年に至ってやっと廃止された「らい予防

島に連れてこられた患者はまず入浴させられた

法」の第6条には、「都道府県知事はらい病患者に対して入所を勧奨し、勧奨に応じない時は入所を命じ、それに従わない時でも患者を強制的に入所させることができると」明記されている。

因みに、「らい予防法」ができた１９５３年には、ハンセン病は伝染力が極めて弱く、特効薬によって完治することが明らかになっていた。

ハンセン病国家賠償請求訴訟の長島愛生園原告団長だった宇佐美治さんから、長島での暮らしを聞いたことがある。

「この旧本館は、現在歴史館になっていて我々も自由に入れますが、昔は患者の立入りは禁じられていて勝手に入ったら監房送りでした」

１９２６年生まれの宇佐美さんは、幼少時に発症。一度回復したが再発して、特効薬プロミン治療を受けるため、１９４９年長島愛生園にやってきた。

「当時は、療養所でしかプロミンの治療はしてもらえ

開拓患者上陸地点

なかった。戦後民主主義と無縁の（所長が絶対的な権限をふるう）家父長的な重苦しい世界で窒息しそうでした」

本土と長島を隔てる幅30メートルの海について、意外なことを教えてくれた。

「昭和6年に愛生園ができる前、本土と隔てる瀬戸は浅かったそうです。潮が引くと、丸太2本で渡れるほど狭かった。それで、わざわざ掘ってわたりにくくした」

愛生園の初代園長で、隔離政策に終生拘り続けた光田健輔の指示だった。

「光田所長は徹底した隔離主義者でした。全国1万人のらい患者を集めて、青ヶ島か、硫黄島（小笠原）に隔離しようと考えていたんですよ。しかし、水がないと反対され、西表島に目をつけた。西表はマラリアの猖獗地帯で職員のなり手がないだろうと、立ち消えになりました」

ハンセン病の子どもたちが学んだ邑久高校定時制課程新良田教室跡地

長島愛生園旧事務本館（現歴史館）

㉙高級リゾートホテル跡（小与島・香川県坂出市）

すでに、採石場跡（P131〜134）で触れたほとんど石材産業のみで成立していた小与島には、およそ石切り場とは縁遠い、お洒落で立派な南欧風のリゾートホテルが建っていた。

「当時は、そこの池（採石場跡の巨大な水溜まり）にヨットを浮かべていたんですよ。あれは、テニスコートです」

当時を知る島人が教えてくれた。全天候対応の充実したテニスコートは、雑草に侵され徐々に地面へと戻りつつあるように見える。

「ホテルは、4、5年くらい営業していたと思う。オープンしたのは、大橋開通の翌年くらいだったかな。3階の豪華な部屋は、当時1泊7、8万円はするという噂でした」

思わず「へ〜っ」と、大声をあげてしまう。

アクア小与島の全景

人気《ひとけ》が絶えて久しいホテルアクア小与島に関しては、多くの人の記憶はかなり曖昧で、営業することなく廃業してしまった、と教えてくれた人が何人もいたほど。

「ホテル競売問題で小与島が話題になった時は、船をチャーターして坂出から来たマスコミも結構いたが。その後、どうなったのか……」

2007年の春、税金滞納で差し押さえられたリゾート地の物件が、国税庁によって競売にかけられた。その目玉となったのが、ホテルアクア小与島だった。

一大総合リゾート構想の一施設として、15億円かけて建てられた3階建て28室のホテルの最低入札価格は、2410万円。東京で会社を経営する男性が約1・5倍の3615万円で落札し話題をさらったが、結局権利を放棄してしまったため、今も宙ぶらりんの状態だという。

遠目には堂々とそびえているように見えたリゾートホテルも、近寄って観察すると廃墟になりつつあった。ロビーへ出入りできるようになっていたので、中を見学させてもらった。

フロントのカウンターには、さっき団体客が去ったばかりというように、ルームキーがずらりと並んでいた。畳の宴会場やロビーのカー

アクア小与島の全天候対応テニスコート

今も眺望は抜群のアクア小与島

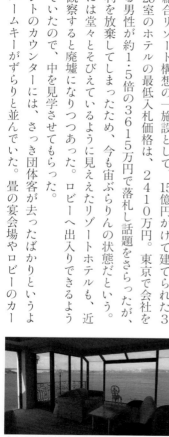

ペットを這うツル草が、いたずらに流れていった時の足跡のようで虚しい。黒っぽいくしゃくしゃのゴミが落ちていると思ったら、干からびたコウモリの亡骸だった。

　誰に宿の決定権があるかを考えれば、今やお風呂は女性優先が観光地の宿の常識。ところが、瀬戸大橋を一望できる大浴場は男性の方がはるかに大きく、一時代前に造られたことをはっきり示していた。

「海辺のあそこは、露天風呂の跡ですよ。私が請け負って造ったんです」

　確かに、それらしい遺構がある。海岸線ぎりぎりで海と一体感があるのはいいが、少し潮が高くなるとすぐに海水が入ってきてしまうのが難だった。また、露天風呂として維持していくには、面積が大き過ぎたらしい。

　それから7年経った2015年、また小与島を訪ねる機会が訪れた。友人たちと海上タクシーをチャーターして、与島周辺の島をめぐった時に立ち寄ったのだ。もちろん、またアクア小与島を探索した。

　コンクリートの箱自体は多少くすみが酷くなったくらいだが、植物たちは密かに一段と深く侵攻し、カーテンが文字通りワカメのように

アクア小与島のロビーの一角

アクア小与島の露天風呂跡

ボロボロになっている部屋もあった。瀬渡しで来た釣り人が泊まっているという噂もあり、食べ散らかした弁当なども転がっていた。

まだ骨組みはしっかりしているように見えるが、ここまで荒れてしまうと高級リゾートホテルとして再生するのは不可能だろう。大体、ここに来たがるお客が想定できない。それならば、一層のことこのままにしておいて、廃墟愛好者を寝袋で泊めるという趣向の方が現実的ではないか。そう考えると、急に妙案に思えてきた。

アクア小与島

㉚波節岩灯標燃料庫、旧広島村役場（広島・香川県丸亀市）

観光的には何もないといわれる島々をのんびり歩いていると、思いがけないものにめぐりあうことがある。本来、人が住んでいる場所が、何もないわけはないので、あって当然と思いながらも、自分を待っていたように顔をのぞかせてくれる、未知との遭遇は嬉しい。

その典型が、讃岐の塩飽諸島《しわくしょとう》で一番大きな広島だった。塩飽諸島は、江戸時代唯一人名制度による住民の自治が許された場所で、優れた船乗りを輩出し、多くの水夫《かこ》※が咸臨丸に乗り組んで太平洋をわたっている。

島の玄関口江の浦を散策していると、花崗岩で造られた瓦葺きの威風堂々とした蔵を見かけた。島人に聞いたところ、１８９５年すぐ沖の羽節岩で初点灯した波節岩灯標の燃料庫だったという。

※当時の呼称。現代では「船員」のことを指す

旧波節岩灯標燃料庫

江の浦から北へ向かい、標高100メートルほどの峠を越えると、かつて広島村の役場所在地だった茂浦に至る。ただ漫然と通過してしまえば、典型的な何もない集落だ。

住民は、気温も低く交通も不便で広島の北海道だというが、瀬戸内海航路が日本の大動脈だった時代は、広島の表玄関だった。だから、広島七浦と手島、小手島の9集落からなる広島村時代は、茂浦に村役場があった。

初めて茂浦を訪ねた2013年、集落の一角を占める木造2階建ての立派な建物に目を引かれた。聞けば、広島村時代の役場だったという。茂浦自治会長の平井明さんが、昭和20年代の後半に島人が広島の山から材を伐りだし、自力で建てた役場だったと教えてくれた。中を見せてもらうと、腰板などの傷みは目立つものの、しっかりしたものだった。

シロアリに侵されている可能性が高いと、2014年5月に解体されてしまったが、予想に反してシロアリ被害はほとんどなかったらしい。今残っていれば、いろいろな活用方法があったのではないかと悔やまれる。

今はなき旧広島村役場

羽節岩の上に健つ波節岩灯標

旧広島村役場

旧広島村役場にて

㉛旧ラーセン邸（手島・香川県丸亀市）

本格的な別荘には縁がなかったが、これこそ別荘だと感心したことがある。

丸亀市の沖にある手島へ向かう途中、手島南端の美しい白砂の入江の上に、瓦屋根の立派な建物が緑に埋もれて見える。集落からは隔絶した別天地に、どんな人が暮らしているのか、地元の高田正明さんにたずねたところ、

「ラーセン邸という別荘でしたが、今は川崎重工業の手島寮になっています」

ラーセン氏はノルウェーの世界的な海運王で、神戸に住んでいた頃、この場所が気に入って別荘を建てたという。

最近になって知人のGさんの手に渡り、ラーセン邸で花見パーティーを開いた時、何人か地元の人たちも参加して、思い出話で盛り上がった。

1965年頃、ラーセン氏はプライバシーを守るため別荘の敷地を取り囲む山の斜面を丸ごと3万坪、4000万円で取得した。か

ラーセン邸の外観

つては、除虫菊などが作られていたきれいな畑だったという。一番多い人は800万円くらい受け取った。

工事に際しては、農道をコンクリート舗装して、2トン車が入れるようにした。島人の多くが雇われ、建設現場で働いた。元請は、鹿島建設。

地下に広いワインセラーを備えた本格的別荘は、1972年頃に完成した。

最初、リビングの壁はヒノキの板だったが、ラーセン夫人が注文をつけたため、わざわざ剥がして現在のような石材を組み合わせた壁にしたのだとか。

「私たちも壁石を拾いに行ったもんですよ」

と高田さん。完成後、本人が来たのは3、4回ていど。奥さんや専属の料理人を連れて来たという。

「赤や緑の街の灯が見えない所を選んだそうです。男も女も、素っ裸で海に飛び込むのを見て、びっくりしたもんです」

と、手島港からくわの浜までラーセン氏を運ぶ担当だった濱本さんが、呟いた。

ラーセン邸の食堂兼居間

くわの浜に面して建つ旧ラーセン邸

㉜旧海員学校（粟島・香川県三豊市）

香川県西部の三豊《みとよ》市に属するスクリューのような形をした島で、江戸時代から明治初期にかけ海運の島として栄え、江戸後期には粟島《あわしま》の船主が所有する北前船が100隻に迫ったこともあった。

風頼みの北前船から機帆船、汽船の時代に移行していく中、操船の国家資格を取れるようにと、1897年粟島に日本初の海員補修専門学校が開設された。当初は村立の海員学校だったが、ほどなく粟島航海学校と名を替え、郡立から県立、そして1940年には国立の商船学校となった。

現在、粟島海洋記念館本館となっている建物は、1920年に建てられた海員学校の本館で、玄関の上にあるハーフティンバーの妻飾りや下見板などが特徴だ。木造2階建ての2階は講堂となっており、舞台の上には奉安殿が遺されている。

旧粟島海員学校のハーフティンバーの妻飾り

同校に粟島出身の学生もいたが、多くは島外からの進学者であり、卒業生のほとんどは船乗りとなって世界をめぐった。そのため、粟島の人たちはよそ者になれていて、ややもすると排他的になりがちな島国根性が、あまり感じられない。

敗戦後、一度廃された商船学校は、1947年海員養成所として復活する。

その後長らく海運の島粟島の象徴的な存在だったが、船員の高学歴化、海運の不況、外国人船員の増加などによって、1987年90年にわたる歴史に幕を閉じた。単に学校がなくなっただけではなく、学生や教員、職員とその家族も去り、海員学校の消滅は島にとって大きな打撃となった。

それでも、1920年に建てられた海員学校の施設はそのまま残されて粟島海洋記念館となり、公園として整備された敷地には宿泊施設ル・ポール粟島や研修棟、多目的広場、キャンプ場などができた。海員学校の建物は鮮やかな水色で、遠くからでもよく目立つ。粟島港から徒歩数分で、現在も島を代表する観光ポイントになっている。

旧粟島海員学校の講堂に残る奉安殿

旧粟島
海員学校

㉝映画館跡、旧百島村役場（百島・広島県尾道市）

百の島と書いて、ももしまと読む。

瀬戸内海でも屈指の観光地尾道の沖に浮かぶ、尾道市に属する島。面積は約3平方キロ、周囲は12キロほどあり、尾道駅前の桟橋から旅客船とフェリーがでている。定期船が着くのは、尾道に近い島の中心地福田港だ。南には、漁業が盛んな泊もある。

福田港からぶらぶら歩きはじめる。島内を縫う古い道はおおむね狭く、細い坂道を登っていくと懐かしさが滲む木造2階建てが現れた。初めて百島を訪れた時、正体を測りかねた建物。豪華というわけではないが全体的に大造りで、明らかに民家ではない。

その時は確認できず、昔は校舎だったのではと予想していた。その後、尾道市と合併する前に、村役場として使われて

旧百島村役場（現尾道市支所）

いた百島村時代の建物で、現在は市役所の支所と知った。

百島には、昭和の濃密な匂いを漂わせているものが多く、その中でも百島東映映画館と並んで特に存在感がある、お気に入りの建物。

人を介して取材をお願いしていたので、奥の広間に通された。途中の板張りの廊下や曇り硝子が嵌まった木の扉、水色のペンキを塗った腰板やドアなど。廊下がギシッときしむ音も妙に懐かしく、昭和の匂いがゆらめき立つ。大広間の石油ストーブに火がつけられ、油の臭いがかすかに立ち昇る。ゴウゴウと燃え盛る炎は、見ているだけで芯から温まりそうだった。

百島東映映画館は、使われなくなって長いらしく建物に傷みが見えるが、それでも昔の映画館独特の姿は保っていた。この建物と空間をなんとか利用できないのか。

同じようなことを考え、筆者のように想像するだけではなく、実行に移した人がいた。現代美術作家の柳幸典氏だ。

使われなくなった百島の中学校校舎を、協働者たちと改修工事を行い、アートベース百島として生まれ変わらせた後、2013年から映画館に取りかかり、2014年夏には内部を公開。島人たちを招いて、一夜限りの上映会を行った。

現在は、柳幸典の「ヒノマル・イルミネーション」を常設展示する日章館として生まれ変わっている。

旧東映映画館

㉞元外国人宣教師屋敷（因島・広島県尾道市）

尾道から近いしまなみ海道の因島北部、信仰の山として知られる白滝山の麓に、落ち着いた雰囲気を漂わせる洋館の宿がある。

福音船で瀬戸内海を伝道していた宣教師ファーナムが、1931年頃に全財産を投じて造った建物で、1941年日米関係の悪化により離日するまで住んでいた。

設計は、日本に多くの西洋建築を造るかたわら、メンソレータムを製造販売する近江兄弟社の創業者としても知られたヴォーリズ。登録有形文化財に指定されている。ハーフティンバー様式で、落ち着いた紅色の柱が淡いベージュの壁に調和し、煉瓦塀に当時の面影が残っている。

戦後は、日立造船の迎賓館的施設として使われた後、廃屋寸前の状態に陥っていたが、1987年にペンション白

旧ファーナム邸

滝山荘として生まれ変わった。

建物の中も、外観に見合うゆったりした空気に満たされている。扉のデザインが当時のままの玄関、ファーナムの居室、大きな出窓や暖炉がある食堂は2階に、日立造船時代に造られた人工温泉の檜風呂（貸切り）は1階にある。

3階の客室は、和風建築を想わせる丸窓や造り付けの箪笥が目を引く。また、広々としたトイレには当時の洗面台（現在使用禁止）もあり、昔日が偲ばれる。

以前皇族が泊まったこともあるという、大きな窓が2面ある広々とした角部屋からは、海、島と山、しまなみ海道の生口橋、よく耕された畑などが一望される。部屋にはバスもトイレもないが、古き良き時代がそのまま封印されているよう。

しまなみ海道開通直後、ファーナムの子どもたちが突然訪ねてきて、その時の記念写真とサインが残っている。因島在住時に、ファーナムは16ミリフィルムで島のようすを撮影していて、当時の貴重な映像資料は遺族から地元に提供された。

旧ファーナム邸の内部

㉟能庄スイドウ（周防大島・山口県周防大島町）

瀬戸内海で3番目に大きな周防大島は、標高685メートルの最高峰嘉納山《かのうざん》以外にも600メートルを超える山々が連なり、瀬戸内アルプスの異称をもつほど山がちだ。平地が少ないので、自ずと棚田や段々畑が多く作られた。

同島出身の民俗学者宮本常一は、久賀の棚田は海岸から200段近くあり、550メートルの高さにまで及んでいると指摘している。

そこで、大島久賀の人たちは、全国的にもあまり類例のない工夫を凝らして、急斜面に耕地を広げていった。

耕地を作るに当たって、まず石を組んで暗渠《あんきょ》となる横穴（水洞）を作り、その上に耕地を造成するという方式をとったのだ。

石垣のほとんどは、自然石を利用し巧みに組み合わせた野面積みだが、かなり大きな石を使っている割には隙間が少なく、久賀の石工の技量の高さがうかがえる。

自然の流水を暗渠で耕地の下に導き、樋を使って横穴から必要なだ

能庄スイドウの内部

け取水し、不要な水はまた横穴へ排水するという合理的な仕組みになっている。

鎌倉時代の終わりか室町時代の初めから、江戸時代初期にかけて造られた。

久賀の海岸から嘉納山へ分け入った標高250メートルほどのところにある畑・能庄のスイドウは、総延長620メートルにも及ぶ大規模なもので、全国的にも珍しい。

海岸から近い庄地でも、道路の脇に口を開けたスイドウを見ることができる。

久賀地区では、横穴をもつ水路だけでも40ヶ所以上で確認されているという。

以前はもっとたくさんあったようだが、米の減反によりミカン畑などへ転換され、最近では耕作放棄地となって森に戻ってしまった場所も多い。

能庄スイドウの内部

石垣にポッカリあいた能庄スイドウ

㊱元遊郭（大崎上島・広島県大崎上島町）

瀬戸内の島々を歩いていると、瀬戸内海のほぼ中央部に浮かぶ大崎上島の話がよく出てくる。風待ち・潮待ちの中継基地として、殷賑を極めていたらしい。

売春防止法が施行される前、港々に女ありの時代だったので、鮴崎《めばるさき》や宇浜《うはま》などにも遊郭があったが、なんといっても瀬戸内海でも屈指と言われた木江の天満地区がすごかったという。

天満の旧道入口にある、合併前に木江観光協会が掲げた「古い街並み」というタイトルの案内板には、以下のように記されていた。

――左右に建ち並ぶ二階建、三階建の木造建築の家並みは九州から京阪神への航路の寄港地として、また風待ち潮待ちの停留地として栄えて来た当時の面影をそのま

天満の街並み

ま残し、中でも二階、三階の手すり、三階軒下の笠のついた外燈、また屋内には凝った建築模様が施され、往時の歓楽が偲ばれる街並みである。

細い旧道に入ってしばらくは、美容室や菓子店、スナックなどが点在する。病院を過ぎた辺りから歓楽街の色彩が濃くなり、木造3階建てが次々と現れる。ほとんどが閉まっていたが、店先に旬の野菜や花を並べた雑貨店があったので、声をかけてみた。

「昔は、一晩中明かりは点り賑やかだったのに、今はね」

女将は、できる限りはここで店を続け、体がいうことを聞かなくなったら、店を閉めるしかないというようなことを、呟いた。

天満地区の木造3階建てを、意識しながら数えてみると、商家ではないかもしれないものを含めて、8軒。もう少し多いだろうと目算していたが、思い込みだったらしい。

気にかかったのは、何も知らず初めてこの路地に迷い込んだ時に比べ、明らかに建物の老朽化が進んでいること。かつては悪所だったかもしれないが、建物や街並みの価値はまた別だ。全国的に見ても、これだけ往時の面影をとどめている場所は少ない。なんとか保全する手立てはないのだろうか。

天満に残る木造3階建

㊲コンクリート船防波堤（倉橋島・広島県呉市）

かつて軍都と呼ばれた呉《くれ》で入船山記念館などをめぐった時、観光パンフレットで倉橋島にコンクリート船を利用した防波堤があると知った。

呉から少し東へ行った安浦港に武智丸というコンクリート船を2隻利用した防波堤があるのは知っていたが、倉橋島の方は未知だった。以前から気になっていた、輸入した工業用岩塩を備蓄している三ツ子島も近いようなので、急遽2ヶ所をめぐることにした。

コンクリートで船を造るというと違和感があるが、考えてみればそれより重い鉄の船も多いのだから不思議ではない。ただ、ほとんど普及しなかったのは、鉄の方が優れていたからだろう。

最初にコンクリート船を見たのは、小笠原の硫黄島の浜

三ツ子島に積まれた工業用岩塩の山

辺だった。錆びた鉄筋が剥き出しになった何艘ものコンクリート船が、砂浜や浅瀬に打ち捨てられていた。米軍が港の建設をもくろんで捨て石代わりに、コンクリート船を海中投棄したのだが、地盤の隆起が激しく海上に姿を現したという。

音戸の渡船場前でバスから降りたところにタクシー会社があったので、案内してもらうことにした。坪井港に近づくと、遠くに船の舳先部分としか思えない固まりを組み込んだ防波堤が見えた。あまり船らしくないが、船以外でもない。

防波堤の舳先へ向かう途中、地元の人がやってきたので、あれがコンクリート船かと確認すると、そうだという。ただし、自力で航行できる船ではなく、被曳航油槽船。油を積んで引っ張ってもらうタンカーのようなものだ。1953年、音戸町が払い下げを受け、防波堤として坪井港に設置したという。

最初の角度の方が船らしさが分かったなと思いながら、舳先まで行き正面から見ると、やはり船。自力航行できない油槽船だったので、今一つ船らしさが乏しかったのかもしれない。

コンクリート船の防波堤

㊳旧青島小学校（青島・愛媛県大洲市）旧フェリー埠頭、開閉橋（長浜港・愛媛県大洲市）

近年は猫の島としてすっかり有名になり、海外からの猫客までやってくるようになった青島は、わたるのがなかなか難しい。海が荒れがちな上に船が小さいからだ。

２０１７年の衆議院選挙では、船の欠航のために投票ができなかったほど。

その猫島の高台に、１９７７年に廃校になりその後公民館や簡易宿泊施設として使われていた青島小学校の校舎が残る。その上には、１９６８年に廃校になった青島中学校の校舎もそびえている。人口が10人台までに減ってしまった青島だが、最盛期は９００人ほどの人が暮らしていたことを、唯一思い出させてくれるモニュメントだ。

青島行の船が発着する対岸の長浜も、かつては肱川の舟運に

ツタの絡まる中学校と水色の小学校（右上）と集落

よって栄え、神戸や上関への定期航路があったが、現在は朽ちかけたフェリー桟橋に往時の繁栄を偲ぶだけ。

肱川の舟運の繁栄ぶりを窺わせるのが、河口に架かる長浜大橋だ。中央部の18メートルが上に向けて開閉する跳ね上げ式の可動橋となっている。

両岸の往来を便利にするため、当時の長浜町長西村兵太郎が発案して、和蝋や木材などの重要産品を積んだ大きな船が来た時、その通行の妨げにならないよう工夫されたという。

日本最古の可動橋で、1933年に着工、1935年に完成している。橋の長さは、232メートルある。完成当時は灰色だったが、その後赤く塗装され、赤橋の愛称も持つ。

夏の夜はイルミネーションが点灯され、人々の目を楽しませてくれる。

その存在は高く評価され、1998年には国の登録有形文化財になり、2009年には近代化産業遺産に認定。2014年に至り、国の重要文化財に指定されている。

朽ちつつある中学校(奥)と小学校

開閉橋である長浜大橋

㊴藤田・西崎の波止（牛島・山口県光市）

江戸時代長州藩の周防五浦の中でも最も力のあった御立浦（租税や賦役を負担する見返りに強大な漁業権を認められていた浦）室積（光市）の沖8キロに浮かぶ、約2平方キロの小島で牛島と書いて、うしまと読む。

奈良時代に銅が産出したという記録があり、平安時代に垣島牛牧として牛が放牧されていたことから、島の名がついたといわれている。

『防長風土注進案』によれば、天保末年のころ82軒の漁家と漁船33隻があり、その半分は鯨漁などに従事するため土佐や対馬方面へ出稼ぎに行き、残り半分は島を拠点に近海で漁業を行っていたという。江戸時代から漁業の島として栄えていたわけだ。

明治時代になると遠洋漁業組合ができ、次第に行動範囲を広げ遠く朝鮮や中国の近海まで出漁するようになる。明治後半には30隻以

藤田の波止のすべり（手前）と犬走り

上の打瀬船で朝鮮馬山沖へ進出してサバ漁をはじめ、大正中頃には朝鮮の鴨緑江沖でグチやタチウオの漁も開始する。

漁業が隆盛を極めるにつれ、大切な船を守るために優れた波止（防波堤・埠頭）が必要になり、明治から昭和の初期にかけて14もの波止が造られた。牛島の波止の特徴は、どれもが民間有志の協同波止組合によって建造され、管理運営されていたこと。要するに、波止を必要とする人たちがグループを作り、株主を募って資金を出し合い、石工などの専門技術者を雇って、石材運搬などの単純労働は自分たちや家族と雇われた島人たちが担い、波止をほとんど自力で造りあげたということだ。

土木遺産などになっているのは、連絡船うしま丸が着岸すると目の前に伸びている、藤田・西崎の波止。西崎新左衛門が中心となって明治20年頃に完成させたのが、西崎の波止。藤田新治郎らが中心となって建設し、今もすべり（船の引き揚げ場）がきれいに残るのは、藤田の波止。2つの波止が一組になって、小さな船溜まりを造っている。

両方とも、波止の内側に一段低くなった小径のような犬走りがあ

東の波止(右)と友やの波止

こうらの波止

る。波止を形づくる石は、あるていどは揃っているものの、大きさも形もばらばら。他の瀬戸内地域で見かける整った形をした花崗岩の切石ではなく、海中から引き揚げた自然石を使っているという。

20世紀の終わりころ、初めて牛島を訪れた時は味わい深い波止場だなと感じたていどだったが、その後歴史ある石積みの波止があらためて注目されるようになった。島の玄関に今も残る西崎・藤田2つの波止は、2004年に「日本土木学会選奨土木遺産」、2006年に「未来に残したい漁業漁村の歴史文化財産百選」、2009年には「島の宝100景」に選ばれている。

もちろん、今も現役で室積からの連絡船うしま丸は西崎の波止の先に接岸するため、いやでも産業遺産の波止を歩いて島へ上陸することになる。上がコンクリートで舗装されているので気づかないかもしれないが、波止のたもとに案内板があり、温かなたたずまいの波止の来歴を教えてくれる。

西崎の波止(左)と藤田の波止

多くの波止が高度経済成長期に埋め立てられてしまったが、集落東端にはこうらの波止や東の波止、友やの波止も現存している。また、港の岸壁にボラード（繋船柱）がずらりと並ぶ風景は、いかにも漁業で栄えた島という風情を湛えている。

藤田の波止と西崎の波止（奥）と定期船うしま丸

㊵石垣の商店（八島・山口県上関町）

古代から明治期まで、海運が主要交通であった時代、風待ち・潮待ちの港として栄え、江戸時代は朝鮮通信使や琉球使節も立ち寄った山口県の上関。そこから船で30分ばかりのところに、八島という人口20人足らずの島がある。

驚いたことに、お客がほとんどいない小島にまだ商店が残っていた。まず、屋敷の土台になっている石垣の中に潜んでいるという、立地の意外性に心惹かれた。元々地下倉庫だったらしい。みんな顔見知りの島だから、看板などない。だが、よそ者にはハードルが高かった。店があると信じて探さないと、見つからない。

入口脇には木枠のショーウィンドーもあるが、今は何も陳列されていないので、それと分かりづらい。木枠のガラス扉を引いて中に入ると、所狭しと商品が置かれた、混沌

石垣の中にある坂本商店

として魅惑的な空間が広がっていた。まるで秘密基地に迷い込んだようなときめきを感じてしまう。店主の坂本佳江さんが顔を見せた。

1956年に母が始めた店を、10年後に引き継いだ。他にも、店が3軒あったという。

「当時はツケが中心で、支払いは月に2回じゃった」

店は年中無休で、営業時間もあってないようなもの。お客が来れば何時でも対応する。

「今はお客さんは多くて1日3人。雨の日は誰も来ないこともあるんよ。もう儲ける齢ではないから、今が一番のんきなのよ」

改めて品揃えを観察させてもらうと、お菓子、肉、天ぷら、缶詰、野菜の種、電池、カップ麺、パン類、バナナなどの果物と、何でも揃っていた。

本土に住む娘さんたちは、一緒に住もうと誘ってくれるが、島にずっといたい。

「向こうへ行くと1人じゃが、ここなら仲間がいるじゃん。それに、時間が合わない」

佳江さんがほの明かりの中で帳場に座っている姿を見ていると、彼女の居場所はそこ以外に考えられないほど嵌まっていた。

品ぞろえが豊富な坂本商店

四階楼（室津・山口県上関町）

八島や祝島へ通う定期船が寄港する室津は、瀬戸内海海上交通の要衝として、古代から近代にかけて長らく栄えてきたが、今は静まり返った街で人影が目立つのは海辺の道の駅くらいだ。

室津港から南へ2、3分歩いた道の駅の向かいに、不思議な存在感をたたえた洋風の建物がたたずんでいる。2005年国の重要文化財に指定された四階楼だ。

1879年、第二奇兵隊の参謀だった小方謙九郎が造った、擬洋風木造4階建て。棟梁は、地元室津村（現上関町）の吉崎治兵衛で、建造費は当時の金額で3000円かかったという。当時建てられたこのような高層建築で残っているのは、四階楼のみ。

四階楼は、4階四層を軒高9・7メートルに収めた階層構造や、まわり階段を取り入れた平面構成、細部に奇想性が高い鏝絵を配してあるなど、擬洋風の特色がよく現れている。

四階楼

外部は大壁造漆喰塗で、蛇腹をまわして軒庇に垂れ壁をつけ、隅には漆喰でコーナーストーンを模した形を造ってある。また、4階の四隅にある円柱には昇り龍、2階軒庇垂れ壁には牡丹などの鏝絵が施してある。さらに、1階の内壁に菊水紋、3階の内部には唐獅子牡丹、4階天井の中央には鳳凰の鏝絵も施されている。

4階の四方の窓にはフランス製ステンドグラスが、短冊形や三角に切って嵌めこまれている。復元する時に、創建当時に使用したフランスのガラス屋がまだ存続していると分かり、そこから再度購入したという。

建設当時は四階楼と呼ばれ、店舗および饗応の場として利用された。その後、1925年には旅館四階屋となり、1957年から1991年までは旅館四階荘となった。1991年、佐々木清文氏によって上関町に寄贈された。1993年山口県指定有形文化財の指定を受けた。それ以降は、元々の四階楼という名前が復活。

同町教育委員会が管理していたが、建物に倒壊の恐れが出たため、1998年から翌々年度にかけて保存修復工事が行われ、今の姿に復元された。

四階楼3階の唐獅子牡丹の鏝絵

ステンドグラスの明かりに照らし出された四階楼4階

㊶錦橋可動橋（向島・山口県防府市）

日本には人が住む向島が４つあり、すべて読み方が異なる。広島県尾道市はむかいしま、香川県直島町はむかえじま、佐賀県唐津市はむくしま、そしてここで取り上げている山口県防府市はむこうしまだ。

関門海峡に面した下関、原発の立地で有名になった上関の中間にある良港として、向島と対岸の三田尻周辺の港は中関と称されていた。

防府駅から向島へ向かうと、手前に大きな狸の親子像がある錦橋にさしかかる。渡っていて驚くのは、橋の上に踏切があること。中央の島寄り２カ所に信号機と遮断機が設置されている。橋の下をのぞき込むと、そこにも信号機がある。

橋上の操作室にいた話好きの橋守によると、橋桁に引っかかる高さの船が通過する時は、遮断機をおろして道路を封鎖し、船を通過させるのだという。

錦橋の橋げたの上に設置された信号機

それも、跳開橋である勝鬨橋のように両側から橋の可動部を持ち上げるのではなく、橋を水平に90度回転させて船を通過させる、世界的にも珍しい旋回式可動橋だという。

初代の錦橋は1950年に架けられ、その後1969年に改修され、長さ46・7メートル、幅6・5メートルの鋼製の可動橋となった。

どのくらいの頻度で、道路を封鎖するのか聞いたところ、今は全く分からない。日に何回かではなく、月に何回かていどだとか。以前に比べて、最近はめっきり減った。あらかじめ連絡が入ることもあるが、大半は近くまで来てから汽笛を鳴らして通してくれと合図し、それに応じて道路を封鎖し橋を回転させるのだという。

いつやってくるか分からない船を、永遠に待ち続ける仕事。異次元の時が流れる寓話の世界をかいま見た思いだった。

錦橋、左から信号、踏切り、操作室、橋げたの信号

㊷元小学校ラジオ塔（崎戸島・長崎県西海市）

観光ポイントのない島をぶらぶら散策していると、観光地なら見落としてしまいそうなものでも、引っかかってくることがある。何かないかな〜というこちらの放つ気配を察して、向こうから密かに呼びかけてくれているのかもしれない。

佐世保の南西に位置し、西彼杵半島北部と橋で結ばれた4つの有人島がある。

寺島、大島、蛎浦島《かきのうらしま》、崎戸島《さきとじま》と西へ連なる島々の先端、崎戸島に嵐で閉じ込められた翌朝、小さな集落を散策していて、古びた石垣の上に海に向けて口を開けた監視塔、あるいは笠が落ちてしまった石灯籠のようなものが建っていた。

しかし、監視塔にしては狭いし、何よりも中に入るた

最初は何ものか見当がつかなかったラジオ塔

めの扉らしきものが見つからない。石灯籠にしては風格がない。

それに、海だけではなく四方に口を開いているではないか。正体を知りたかったが、島人は全く見当たらない。小集落ではよくあること。

宿に戻ってから確認すると、あそこは小学校があった場所で、ラジオ塔だったという。箱の中にはラジオ受信機とスピーカーが納められていて、島人たちがあの塔の周りに集まって、ラジオ放送に耳を傾けたらしい。

みんなが集まって聴取したといえば街頭テレビのような存在だし、防災無線のような近隣の不特定多数に対する情報伝達装置だったともいえる。

ラジオ塔は通称で、堅苦しい呼び方をすると公衆用ラジオ聴取施設。

1930年、大阪の天王寺公園に最初のものが設置され、その後関西を中心に各地へ広がっていったという。公園や駅前など、主として人がたくさん集まる場所に建てられることが多かった。

わずか1世紀足らずで、情報伝達手段が飛躍的に発展したが、先人たちがどんな努力をしていたのかを窺わせる、ちょっとほほ笑ましく貴重な遺産なのではないだろうか。

ラジオ塔

㊸最後の艀・小宝丸、旧港（小宝島・鹿児島県十島村）

今や、艀という漢字を読めず、ハシケとは何か知らない人も多いのではないか。

船は整備された港の岸壁に直接接岸して、船と陸の間に架けわたされたタラップを利用して乗下船するのが当たり前の昨今、ほとんど死語と化しているから仕方ない。

陸地とその沖に浮かぶ本船の間を、乗客や荷物をのせて運ぶ小舟が艀だ。主に陸側で用意され、本船が来ると海に降ろして使われた場合が多かった。しかし、陸側から艀を出すのが難しい場合、本船に積み込んだ艀を海に降ろして対応することもあった。

海が穏やかな時は、風情のある乗下船となるが、ひとたび海が荒れると命がけの作業となる。港が整備されていないから陸地に揚げてある艀を海におろし、揺れている艀になんとか飛び

昔の表玄関湯泊港

移り、さらに沖で揺れている本船の舷側に口を開いた乗船口へ飛び移る。さながら義経の八艘飛び。飛び移るタイミングを誤ると、海に落ちかねないから緊張の一瞬だ。

実際、1970年代になってからも、同じトカラの諏訪之瀬島で通船作業に失敗して亡くなった人がいる。

初めて小宝島へ上陸した1975年は、もちろん艀だった。そして、小宝島の人も他の島の人も、異口同音にこの島は永遠に艀から解放されないだろうと囁き合っていた。だから、1990年4月に本船が直接接岸し、小宝島が日本で最後に艀から解放された有人島となった時は、他人事とは思えないほど感動し、ありえない事態を喜んだ。

それから17年経った2007年、20年ぶりに小宝島を訪ねると、城之前漁港へ行く途中に、小舟が2隻打ち捨てられていた。日本で最後まで活躍した、栄誉ある艀「小宝丸」たち。船底からアダンが侵入して、巨大な植木鉢になろうとしている。

その悲しい風景を目にし『吐噶喇列島』（2008年　光文社新書）という本で「せめて一隻だけでも歴史的記念物として保存できないのだろうか」と書いたからか、2年後に訪ねるときれいに塗り直され、案内板も立てられていた。

放置されていた当時の小宝丸

㊹旧放送台［なごみの塔］（竹富島・沖縄県竹富町）

竹富島《たけとみじま》は八重山観光の目玉であり、島人たちによる日々の努力で美しい集落景観が保たれているサンゴ礁に浮かぶ重要伝統的建造物群保存地区だ。

集落の中央部にある赤山丘は、島で一番高いところであり、さらにその上に鉄筋コンクリート製で高さ4・5メートルのなごみの塔が立っている。

元々島では、地区にとって重要な伝達事項があると、西・東・中筋の3地区に設けられた放送台の上から、集落の常会は太鼓で、青年会はラッパ、学童はほら貝で合図していたという。

1951年東地区では石積みの放送台が造られたが、西地区のものは使用不可能になっていた。そこで、赤山丘を整備して西地区の放送台を建て、周辺は赤山公園として整備する計画が持ち上がった。

有志・一和会が用地を取得して、地区に寄付。

元放送台（現なごみの塔）

1953年、集落の人たちが労力を提供して、43日間で完成にこぎつけた。労力延べ人員510人、総工費67563円だったという。

さほどの高さではないが周辺が平らなので、西地区の旧放送台（なごみの塔）の狭く急な階段を登ったところに設けられた展望台からは、琉球赤瓦と漆喰、石垣、白砂の道、その間を埋める緑などが織りなす、いかにも沖縄らしい風景を一望することができた。

しかし、施設の老朽化と大人数で無理に登る観光客が多いことから、事故が起きることを懸念して、2016年9月、地元自治会が登降を禁止する措置をとった。

2006年に国の登録有形文化財となっているため、安易な補修はできず、また相応の資金もいることから復旧のメドはたっていない。

竹富島の集落を一望できる絶景ポイントなので、何らかの対応策を期待したい。

なごみの塔からの眺望

老朽化が進んでいるなごみの塔の急階段

㊺リゾート施設跡（新城島下地・沖縄県竹富町）

日本最南端の八重山諸島で一番わたりにくい有人島は、新城島《あらぐすくじま》の上地だろう。すぐ南にある下地とはサンゴ礁でつながり、地元では2島をまとめてパナリと呼んでいる。下地にも人はいるが、放牧している牛の世話をする牧童1人だけ。両島ともシュノーケリングのツアーなどでわたることはできるが、定期航路はない。

そんな島に、逆にそんな島だからこそリゾートがあった。『竹富町史第5巻・新城島』には、以下のように記されている。

——上地にはヤマハリゾートが町有地の上地小学校（1975年廃校）跡地と一部私有地を購入して、宿泊施設はいむるぶしパナリを建設した。稼働された期間は短く、土地は新城公民館（宿や校舎の解体費用は公民館が負担）に無償譲渡されることになった。

一方、謎ばかりなのは下地の集落に接するように存在する、不思議な庭園。これに関しては710ページに及ぶ『新城島』

リゾートらしき庭園跡

にも記述がない。

下地の前泊港から歩いてすぐの集落跡の手前に、明らかに庭園だった空間がある。

枝ぶりも葉も珍しいナンヨウスギやアダンによく似たパンダナス、トックリヤシなどが植えられ、枝ぶりからはかなりに年月が経っているよう。

少し離れた場所には、パンノキまであった。

草原の中に浮かぶ石で囲んだ丸い輪は、花壇の名残りか。コンクリートの丸テーブルの残骸のようなものもある。

その奥の赤瓦の廃屋をのぞくと、囲炉裏の上に手作りの自在鉤がぶら下がっていた。囲炉裏の縁も自在鉤も、あまり使いこまれた気配がないので、意外に新しい家なのかもしれない。隣接するコンクリートの2階建ての1階には、大きな厨房の隣に食堂らしき空間もあった。

恐らく、この一帯に観光客を受け入れる施設があったのだろうが、いまだに正体は不明だ。

赤瓦の家に残っていた自在鉤と囲炉裏

赤瓦の家(奥)と食堂のあった建物

庭園にはテーブルやベンチも残る

牧場に向かう道端に現れたトロピカルな庭園

ヤマハリゾート

Aランク保存灯台

島の建造物といえば、まず灯台が思い浮かぶのではないか。船ではるか彼方から島へ近づいていく時、高いところに立って見下ろしている白亜の灯台。

夜ならば、強い光を放ちながら点滅して、正しい場所へ導いてくれる心強い道標。

島に近づくと、かわいらしい港の灯台が港内まで優しく案内してくれる。

日本で最初の洋式灯台といえば、1869年初点灯の観音埼《かんのんざき》灯台だ。三浦半島の東端で東京湾の入口に当たる。観音埼は本土だが、その後多くの灯台が島に造られた。

最古の石造の灯台は、イギリス人技師ブラントンが最初に設計して紀伊大島に建造した、1870年初点灯の樫野埼《かしのざき》灯台。日本初の煉瓦造りの灯台は、1873年初点灯の菅島《すがしま》灯台。すべて輸入品で非常に高価な建材だった時代に、初めてコンクリートで造ったのは、1884年初点灯の日向大島に造られた鞍埼《くらさき》灯台だった。最古の鉄造は、1895年初点灯の佐渡島姫埼《さどがしまひめさき》灯台と、島の灯台は常に時代の先端を走っていた。また、最果ての灯台も島が多い。日本最西端が与《よ》那国島西埼《なぐにじまいりさき》灯台、最南端が沖ノ鳥島《おきのとりしま》灯台となっている。

島の存在自体が航海の道標（灯台的存在）だった時代は長く、近代化された灯台などの光波標識が設置されるようになり、島の存在感は一段と増したといえるだろう。

　明治時代に造られ、今も現役で活躍する灯台は67基ある。いずれも歴史的・文化財的な価値があり、地域のシンボルとなっている。

　その中でも、特に評価の高い灯台23基がAランク保存灯台と位置づけられ、一層の保全に力が注がれている。

　Aランク保存灯台のうち、半分以上の12基が島に存在する。北から並べると、金華山《きんかさん》灯台、姫埼灯台（佐渡島）、神子元島《みこもとじま》灯台、菅島灯台、友ヶ島《ともがしま》灯台、江埼《えさき》灯台（淡路島）、角島《つのしま》灯台、男木島《おぎじま》灯台、鍋島《なべしま》灯台、釣島《つるしま》灯台、水ノ《みずの》子島《こじま》灯台、鞍埼灯台（日向大島）。

　神子元島灯台は、伊豆半島石廊崎の東南東約10キロに浮かぶ面積0・14平方キロの無人島に造られた。江戸条約で設置を約束した条約灯台の一つだ。

　灯台建設史上屈指の難工事で、1870年の点灯式には太政大臣三条実美、大久保利通、大隈重信、イギリス大使

友ヶ島灯台

鍋島灯台

パークスなども参列したという。

　同じく4年間にわたる難工事の末に1904年に年完成したのが、豊後水道の真ん中にそびえる水ノ子島灯台だ。面積わずか0・0003平方キロの大きめの岩礁の上に、高さ約39メートル（海面からは約56メートル）の灯台を建造する苦労は、いかばかりだったか。呉に鎮守府を置く海軍からの強い要請によって造られた。37キロの光達距離は、当時東洋一だったという。

　瀬戸大橋のサービスエリアがある与島と100メートルほどの防波堤で繋がっている、面積0・01平方キロという小さな無人島が鍋島だ。灯台の高さ約10メートル、海面から灯火までの高さ約29メートルと地味ながら、備讃瀬戸北航路や東航路を行く船に頼りにされる重要な灯台で、建造時は夜間航行する船舶の停泊地までの目標に使用し、夜明けを待って航行するための停止信号として使われていた。

　このような特殊な役割を担ったのは、鍋島灯台と釣島灯台の2基のみだ。普段は非公開だが、灯台記念日（11月1日）に公

鍋島灯台の記念額

鍋島灯台

与島から歩いて行ける鍋島の灯台。
入域には許可がいる

開されることもあり、期日が近づくとウェブサイトに情報がアップされる。

同じく無人島の友ヶ島については、友ヶ島砲台の記事（P64～69）を参照して欲しい。

鍋島と同じく香川県に属する男木島は、3年に1度開催される瀬戸内国際芸術祭をきっかけに移住者が増え、休校中だった小中学校も再開し、活気が戻りつつある。また、ネコの島として愛好者の人気を集めていたが、全頭去勢を施してからネコがあまり出てこなくなったという。

男木島の集落は南部の一ケ所だけだが、歩いて30分ほどの最北端の浜辺に1895年初点灯の男木島灯台がそびえている。主に、地元の銘石として名高い庵治石（花崗岩）を使った石造の灯台で、石の地肌をそのまま見せている珍しい造りだ。

灯台守とその家族を主人公にした映画「喜びも悲しみも幾歳月」（1957年、木下恵介監督）のロケ地となった。

隣接して、灯台資料館とキャンプ場があり、芸術祭の期間中キャンプ場を拠点に周辺の島（会場）めぐりをする外国人旅行

男木島灯台と灯台資料館およびキャンプサイト

男木島灯台